LA STRATÉGIE EN CITATIONS

Éditions d'Organisation
1, rue Thénard
75240 Paris Cedex 05
www.editions-organisation.com

LA STRATÉGIE EN CITATIONS

Luc BOYER
Michel MARCHESNAY

D'Aragon
à
Saint Augustin

Éditions
d'Organisation

SOMMAIRE

INTRODUCTION

« Rien ne sert de penser, il faut réfléchir avant. » disait Pierre Dac, en pensant peut-être à la définition de la stratégie…

S'il est un terme « vendeur », c'est bien celui de stratégie. Avant de préciser comment nous l'avons interprété, on rappellera que le stratège, dans la cité athénienne, berceau de notre démocratie, était chargé de la conduite de la guerre par les archontes, eux-mêmes en charge de la politique générale, dirait-on maintenant. Le stratège un peu trop performant était frappé d'ostracisme, c'est-à-dire envoyé au vert quelque temps, pour éviter tout risque de dictature militaire. Préfigurant le Directoire et le conseil de surveillance, les archontes étaient surveillés par l'aréopage.

À l'issue des guerres napoléoniennes, la stratégie militaire, théorisée par un général prussien, Clausewitz, s'est mise au service de la diplomatie et de la politique. Les guerres du XXe siècle ont d'abord affirmé le rôle décisif de la puissance industrielle, puis, à partir du milieu du XXe siècle, le primat, soit de la puissance de frappe potentielle, à caractère dissuasif, soit de l'idéologie, dans les guerres d'indépendance .

Du côté des entreprises, la stratégie ne va devenir une fonction à part entière du management qu'après la Seconde Guerre mondiale, à partir de la célèbre Business School de Harvard, à Boston. L'enseignement de la stratégie est en fait passé par trois phases :

– La première est celle des modèles, comme les aiment les Américains, comme on le verra dans plusieurs citations. Les plus célèbres sont SWOT (Forces, Faiblesses, Menaces, Opportunités), PPBS (Planning, Programming, Budgeting System), BCG (vache à lait, dilemme, vedette, poids mort). Mais il en existe bien d'autres, qui connaîtront leur heure de gloire jusqu'au séisme des années soixante-quinze, comme les matrices de portefeuille.

– La deuxième phase est celle des stratégies de compétitivité, autour des modèles largement développés par Michael Porter, professeur à Harvard : forces concurrentielles, stratégies génériques, chaîne de valeur. La question est alors de savoir si la compétitivité d'une firme résulte de ses capacités propres à mobiliser ses ressources, ou de son aptitude à se conformer aux attentes de l'environnement

– La troisième phase de l'enseignement de la stratégie et du conseil s'efforce de donner une réponse à ce dilemme, en insistant sur les processus adaptatifs, qu'il s'agisse de la prise de décision, de l'apprentissage de l'organisation, de la constitution de réseaux, d'« îlots de coordination consciente dans un océan de coordination inconsciente », en opposant la « main visible » du stratège à la « main invisible » des lois naturelles de la libre concurrence.

Comment, dans ces conditions, définir la stratégie au-delà de la définition de Pythagore « ne marche pas où la foule piétine » ? Deux distinctions s'imposent :

– D'abord, surtout dans les grandes entreprises constituées en groupes diversifiés, les problèmes stratégiques se situent à deux niveaux : celui de l'ensemble du groupe (*corporate strategy*), d'une part, et celui de chaque unité opérationnelle (*business strategy*), d'autre part. Le rôle du management stratégique sera d'assurer la coordination la plus performante possible entre ces deux niveaux.

– Ensuite, contrairement à une idée reçue, la stratégie concerne tous types d'entreprises, voire d'organisations, et même tout individu – et pas simplement les grandes entreprises dites « *managériales* ». Notamment, les PME développent leur propre stratégie avec des logiques d'action particulières (par exemple, elles ne souhaitent pas nécessairement croître). Cette question est devenue cruciale avec le développement de nouveaux secteurs d'activité, surtout dans les services, où pullulent les entreprises de petite taille. À la stratégie de création de ces entreprises « *entrepreneuriales* », doit répondre une stratégie des organisations environnantes, qui prédispose et encourage cet esprit d'entreprise.

À partir de ces deux distinctions, on peut dire qu'une décision présente d'autant plus un caractère stratégique qu'elle comprend les caractéristiques suivantes :

– Un fort degré d'« *agonisme* », c'est-à-dire de prise en compte des antagonistes et des protagonistes (adversaires et alliés), ce qui la distingue des décisions purement internes, sans rapport de forces.

– Un fort degré de mise en *perspective* : à la fois tenant compte autant du passé, de l'histoire (de l'entreprise, du secteur, de la nation, etc.) que des conséquences sur l'avenir, ce qui la distingue des décisions d'ajustement immédiat.

– Un fort degré de *complexité*, dans la mesure où de multiples variables, connues et inconnues (seulement conjecturées) interfèrent et interagissent – en y incluant les divers aspects de l'environnement (technologiques, économiques, politiques, etc.), ce qui la distingue des décisions « programmées », pour lesquelles les informations sont connues et disponibles.

– Enfin, un degré élevé d'« *indécision* » : entendons, le fait que l'on n'est pas assuré d'avoir, *a priori*, pris la « bonne » décision (si elle était connue, il n'y aurait plus de stratégie… comme on le voit dans la théorie pure de la concurrence). La raison majeure est que l'on ne peut anticiper l'avenir, et notamment les décisions des autres acteurs (problème étudié en économie par la théorie des jeux). C'est sans doute là que réside par excellence le « risque stratégique ».

Ainsi définie, on voit que toute décision aura un caractère « *plus ou moins* » stratégique. On peut même dire qu'une décision anodine au départ peut avoir des conséquences stratégiques importantes. Face à une telle complexité, le « stratège » – qu'il soit décideur, conseiller, enseignant, chercheur – est confronté à la nécessité de proposer des modèles qui doivent servir d'outils d'aide à la prise de décision. Ces modèles reposent à la fois sur l'observation des pratiques, et sur les recherches destinées à repérer celles qui semblent les plus performantes. Mais la prise de décision impose au-delà de la « simple » application de modèles, de prendre en compte la situation concrète. Celle-ci comprend deux grandes composantes :

– D'une part, l'« arène concurrentielle », formée de l'ensemble des antagonistes et protagonistes qui interfèrent dans les choix.

– D'autre part, l'« arène sociétale », c'est-à-dire ce que l'on pourrait appeler pour l'entreprise la « société civile », à savoir, les institutions, les mœurs, au sens le plus général du terme, incluant la culture, les valeurs dominantes, les fondements de la légitimité de l'entreprise comme institution.

Ces quatre facteurs – le modèle, la décision, la compétition, la légitimité – constituent les facettes de la stratégie qui serviront à classer les citations recueillies « à propos » de la pensée, de la décision, de l'action, de la performance stratégiques.

1

PENSER LA STRATÉGIE

PENSER LA STRATÉGIE : DISCOURS DE LA MÉTHODE ET MÉTHODES DU DISCOURS

Blaise Pascal nous introduit ce chapitre : « La dernière chose qu'on trouve en faisant un ouvrage est de savoir celle qu'il faut mettre la première. »

Il y a trois types de personnes qui revendiquent le titre de « stratège » :

– Ceux qui prennent des décisions qualifiées de « stratégiques » : appelons-les les *décideurs*.

– Ceux qui conseillent et préparent les décisions stratégiques. Ces *conseillers* peuvent se situer auprès du décideur (direction stratégique d'un grand groupe, assistant de direction d'une PME) ou intervenir comme *consultant* extérieur.

– Enfin, ceux qui observent les pratiques des entreprises, et qui cherchent comment améliorer la connaissance de la stratégie : appelons-les les *chercheurs*.

Comme pour la plupart des disciplines de management, la relation entre ces trois acteurs n'est pas simple. Toutefois, l'accroissement de la technicité du management entraîne une interaction croissante entre eux.

– Les décideurs font de plus en plus appel à des conseillers et des consultants. Le recours au conseil en stratégie a d'abord touché les plus grandes entreprises. Mais, de plus en plus, les PME font appel à des cabinets de conseil en stratégie spécialisés dans leur secteur d'activité et convaincus de leur spécificité. De plus, les organismes d'aide à la création d'entreprise se sont multipliés, contribuant à l'extension de l'assistance stratégique, de type business plan.

– L'interaction entre les conseillers-consultants et les chercheurs, au sens large, s'est considérablement développée. Au travers notamment des enquêtes, mais aussi des écrits, tels les manuels, des modèles stratégiques se sont imposés et vulgarisés. Quel cadre n'a pas suivi un séminaire sur la stratégie ?

Mais qu'est-ce qu'un modèle stratégique ? En règle générale, il se présente comme un *discours*, étayé par des notions apparemment simples, illustré par des tableaux et des schémas, destiné à comprendre des situations complexes, afin d'étayer la prise de décision. On parle souvent de *grille d'analyse*. On utilise diverses méthodes pédagogiques pour s'entraîner à l'analyse, puis à la prise de décision, comme la méthode des cas, ou les jeux d'entreprise.

À côté des modèles « universels », qu'on trouve dans tous les manuels, il faut considérer également les modèles élaborés par les cabinets-conseils, petits ou grands, et qui préconisent des méthodes confidentielles. De même, à l'intérieur des entreprises, les assistants en stratégie ont leurs propres méthodes. Certains de ces modèles peuvent acquérir une grande notoriété, comme la matrice de General Electric.

Ces modèles sont conçus et construits à partir de plusieurs activités :

– d'abord, l'observation des pratiques des entreprises considérées comme « performantes », « novatrices », « d'avenir », etc. Ainsi, les pratiques d'externalisation, d'e-management, de « *supply chain* », etc.

– ensuite, le fruit de recherches destinées à expliquer les relations complexes entre les variables dites « stratégiques » : ainsi, la relation entre la diversification et la performance.

– de même, ces recherches ont pour but d'approfondir certaines notions : ainsi, la gouvernance, la création de valeur.

On peut donc, au total, séparer – du moins sur le papier, car elles sont souvent mélangées en réalité – trois vocations des modèles : la description des pratiques, l'explication des causes et des conséquences de celles-ci, et, enfin, la prescription de règles de prise de décision.

Tout cela paraît bien simple : la réalité est évidemment plus complexe. En fait, nos trois types de stratège se posent bien des questions sur l'utilité des modèles, mais aussi, à un niveau plus général, ou plus fondamental, quel est le *sens* d'un modèle en stratégie. L'aphorisme de Bergson, sur la relation entre la pensée et l'action trouve ici tout son sens. En fait les citations proposées dans cette première partie tournent autour des questions suivantes :

– *Induction ou déduction* ? Faut-il partir de l'observation des pratiques et les présenter sous une forme systématique, en repérant les plus « performantes », comme on le fait, par exemple, avec le *benchmarking* (l'étalonnage) ? Faut-il au contraire, partir de concepts théoriques pour construire le modèle explicatif, comme par exemple, les coûts de transaction ? Comme on le constate dans les citations, les avis sont extrêmement partagés.

– *Déterminisme ou volontarisme* ? Deux visions s'opposent fortement, qu'on retrouve en philosophie des sciences. D'un côté, certains estiment que la stratégie des entreprises est déterminée par des forces extérieures – essentiellement le marché –, la structure de l'industrie, la technologie, etc. D'autres estiment au contraire que c'est l'entreprise qui construit les conditions propres à assurer sa compétitivité. Il va de soi que, selon la vision adoptée, les modèles n'ont pas le même sens : si je dis que le taux de profit est déterminé par la part de marché, j'en déduis des décisions différentes que si je dis que c'est l'entreprise qui crée, construit les conditions de « son » marché.

– *Vision analytique ou systémique* ? Dans le premier cas, le modèle a pour but de présenter des relations de causalité, généralement entre des variables dites « de structure » (ex. : part de marché) ou « de comportement » (ex. : politique de diversification), et des variables de performance (ex. : profit, valeur boursière, croissance, etc.). Le modèle est dit alors *prédictif*. Dans le second cas, on part du principe que les variables interagissent de façon extrêmement complexe, en sorte que l'on ne peut *prévoir* quelles seront les conséquences des décisions.

Enfin, on ne saurait oublier qu'un modèle stratégique se présente comme un discours, destiné à convaincre et, sans doute, à séduire (le client, le supérieur, etc.). La question essentielle est alors celle du degré d'élaboration de l'écriture :

– On reproche parfois aux modèles stratégiques leur excessive simplicité, qui confine au simplisme. Les consultants expliquent alors que, face à des problèmes complexes, on est contraint de proposer, voire d'imposer des règles simples. Il est évident que le risque est alors de réduire au minimum l'argumentation logique, l'explication, comme on le voit avec les « modèles » proposés par des « gourous », voire par des « parascientifiques »...

– À l'opposé, on reproche aux travaux de certains chercheurs une excessive complication, faite de compilation, de concepts abscons, de relations invérifiables, etc., en sorte que l'on ne peut en tirer des préconisations claires, des outils d'aide à la prise de décisions opérationnelles.

Mots-clés

Adaptation
Analyse, synthèse
Cause
Compilation, imitation
Complication, complexité
Connaissance
Concepts, abstraction
Consultants
Délibération
Désordre
Déterminisme (indéterminisme)
Diplôme
Discours, énoncé, langage, style
Enseignement
Erreur (vérité)
Faits, expérience
Hypothèses
Idée, pensée
Ignorance (savoir, savant)
Imagination, intuition
Induction (déduction)
Loi(s)
Méthode
Modèle, théorie
Observation
Ordre
Ouvrage, écriture, mots
Pensée, action, réflexion
Questions
Raison(s), rationalité, raisonnement
Règles
Savoir-faire
Science(s), système(s)
Structure
Théorie
Vérité(s)

1

Selon le déterminisme, le plus petit changement écarte de grands malheurs, ce qui fait qu'un malheur bien clairement prédit n'arriverait point.

ALAIN

2

Penser c'est dire non.

ALAIN

3

Depuis que l'avion s'est envolé sans la permission des théoriciens, les techniciens se moquent des théoriciens.

ALAIN

4

Si l'on apprenait à penser comme on apprend à souder, nous connaîtrions le peuple roi.

ALAIN

5

Ne vouloir faire société qu'avec ceux qu'on approuve en tout, c'est chimérique, et c'est le fanatisme même.

ALAIN

6

Les plus belles stratégies s'écrivent au passé.

Alphonse ALLAIS

7

Au fond d'un trou ou d'un puits, il arrive qu'on aperçoive les étoiles.

ARISTOTE

8

Il n'y a pas une méthode unique pour étudier les choses.

ARISTOTE

9

Aussitôt la phase terminée, ce fut comme une lumière de sécurité infuse en mon cœur, dissipant toutes les ténèbres du doute.

SAINT-AUGUSTIN

10

En sciences, les vérités se regroupent en systèmes, alors que les erreurs se perdent dans un magma informe.

Gaston BACHELARD

11

Face au réel, ce qu'on croit savoir offusque ce qu'on devrait savoir.

Gaston BACHELARD

12

Tout déterminisme est partiel, particulier, régional.

Gaston BACHELARD

13

Toute connaissance est une réponse à une question.

Gaston BACHELARD

14

C'est l'ignorance où nous sommes de la cause qui nous prive de l'effet.

Francis BACON

15

On ne peut pas définir la bêtise, mais on en connaît beaucoup d'exemples. Méthode inductive, dirait-on à l'école.

Alessandro BARICCO

16

La vérité des faits est tombée maintenant au niveau de la fonction que remplit la boulette de viande dans le hamburger américain : cela devrait en être le cœur et les sens, mais elle n'en est guère plus que le misérable alibi.

Alessandro BARICCO

17

C'est dans et par le langage que l'homme se constitue comme « sujet ».

Émile BENVENISTE

18

Il faut agir en homme de pensée et penser en homme d'action.

Henri BERGSON

19

Toute l'initiative expérimentale est dans l'idée, car c'est elle qui provoque l'expérience.

Claude BERNARD

20

L'idée, c'est la graine, la méthode c'est le sol.

Claude BERNARD

21

La théorie n'est que l'idée scientifique contrôlée par l'expérience.

Claude BERNARD

22

Il ne suffit pas de dire : je me suis trompé ; il faut dire comment on s'est trompé.

Claude BERNARD

23

Ce que l'on conçoit bien s'énonce clairement,
Et les mots pour le dire arrivent aisément.

Nicolas BOILEAU

24

Avant donc que d'écrire, apprenez à penser.

Nicolas BOILEAU

25

Il y a dans l'histoire naturelle, deux écueils également dangereux : le premier, de n'avoir aucune méthode ; et le second, de vouloir tout rapporter à un système particulier.

Georges Louis BUFFON

26

« C'est absurde » veut dire « c'est impossible », mais aussi « c'est contradictoire ».

Albert CAMUS

27

L'absurde, c'est la raison lucide qui constate ses limites.

Albert CAMUS

28

Catilina est aux portes de Rome et l'on délibère.

CICÉRON

29

Tout homme qui est mal informé ne peut s'empêcher de mal raisonner.

COLBERT

30

L'intelligence d'un discours dépend d'abord de celui qui l'écoute.

Coluche

31

Les sciences ont, avant tout, une destination… de satisfaire au besoin fondamental qu'éprouve notre intelligence de connaître les lois des phénomènes.

Auguste Comte

32

On ne doit pas exiger de cette classe d'hommes (les chercheurs) qu'ils professent et qu'ils enseignent, mais qu'ils inventent et qu'ils publient.

Condorcet

33

L'expérience est une lanterne accrochée dans le dos, qui n'éclaire que le chemin parcouru.

Confucius

34

Une peau de tigre et de léopard ne se distinguent pas d'une peau de chien ou de brebis, si le poil en est raclé.

Confucius

35

Tous les jours, à tous les points de vue, je vais de mieux en mieux.

Émile COUÉ

36

Rien ne sert de penser, il faut réfléchir avant.

Pierre DAC

37

Pour être un bon observateur, il faut être un bon théoricien.

DARWIN

38

Il n'y a pas tant de perfection dans les ouvrages composés de plusieurs pièces et faits de la main de divers maîtres, qu'en ceux auxquels un seul a travaillé.

DESCARTES

39

Toutes les sciences sont tellement liées ensemble, qu'il est plus facile de les apprendre toutes à la fois, que d'en isoler une des autres.

DESCARTES

40

Ce n'est pas assez d'avoir l'esprit bon, mais le principal est de l'appliquer bien.

DESCARTES

Les hommes d'étude, non contents de connaître les choses claires et certaines, ont osé affirmer aussi des choses obscures et inconnues, auxquels ils n'arrivaient que par des conjectures probables.

DESCARTES

Je ne saurais aujourd'hui trop accorder à ma défiance, puisqu'il n'est pas maintenant question d'agir, mais seulement de méditer et de connaître.

DESCARTES

L'œil du sourd est normal.

Pierre DESPROGES

Apprendre ? certainement, mais vivre d'abord, et apprendre par la vie, dans la vie.

John DEWEY

Si seulement il en avait appris un peu moins, comme il aurait été plus capable d'en enseigner davantage !

Charles DICKENS

46

Faut toudis s'fier à s'première idée, surtout quand on n'n'a qu'eun.

Dicton ch'timi

47

L'expérience multiplie ses mouvements à l'infini ; elle est sans cesse en action ; elle met à chercher des phénomènes tout le temps que la raison emploie à chercher des analogies.

Diderot

48

L'observation recueille les faits ; la réflexion les combine ; l'expérience vérifie le résultat de la combinaison.

Diderot

49

Le problème n'est pas de tirer la raison, mais de mettre les mauvaises raisons en condition de ne pas nuire, et de dissocier la notion de raison de celle de vérité.

Umberto Eco

50

L'imagination est plus importante que la connaissance.

Albert Einstein

51

Poser les questions, c'est les résoudre.

Albert EINSTEIN

52

Dieu ne joue pas aux dés.

Albert EINSTEIN

53

Nos meilleures idées viennent des autres.

EMERSON

54

Assurons-nous bien du fait, avant que de nous inquiéter de la cause.

FONTENELLE

55

Tu me dis, j'oublie. Tu m'enseignes, je me souviens. Tu m'impliques, j'apprends.

Benjamin FRANKLIN

56

La connaissance du pays où l'on doit mener sa guerre sert de base à toute stratégie.

Frédéric II le GRAND

57

Le progrès en économie positive exigera non seulement la vérification d'hypothèses existantes, mais
aussi la construction d'hypothèses nouvelles.

Milton FRIEDMAN

58

Vous ne pouvez rien enseigner à un homme ; vous ne
pouvez que l'aider à le découvrir en lui-même.

GALILÉE

59

L'expérience instruit plus sûrement que le conseil.

André GIDE

60

Toute théorie n'est bonne qu'à condition de s'en servir pour passer outre.

André GIDE

61

Les jeunes gens et les femmes veulent l'exception,
les vieillards veulent la règle.

GOETHE

62

Parler est un besoin, écouter est un art.

GOETHE

63

J'en ai gardé un léger goût pour l'irrévérence et une tendance à toujours demander : pourquoi ?

Charles HANDY

64

Pour ce qui est des actions humaines, les choses *sont* ce que les gens qui agissent pensent qu'elles sont.

Friedrich HAYEK

65

Les pensées vraies et la pénétration scientifique peuvent seulement se gagner par le travail du concept. Le concept seul peut produire l'universalité du savoir.

HEGEL

66

L'activité pensante est abstraction, dans la mesure où la raison, en commençant par des intuitions concrètes, ne tient pas compte de l'une des déterminations multiples, en choisit une autre, et lui confère la simple forme de la pensée.

HEGEL

67

La nécessité n'est aveugle que dans la mesure où elle n'est pas comprise.

HEGEL

68

Ce qui est rationnel est réel,
Et ce qui est réel est rationnel,
C'est là la conviction de toute conscience non préve-
nue, comme la philosophie.

HEGEL

69

Au sens le plus ordinaire du mot, une chose est dite
abstraite quand elle est séparée de la réalité à
laquelle elle appartient.

Michel HENRY

70

L'erreur a créé beaucoup plus que la vérité.

Édouard HERRIOT

71

C'est sur la définition correcte des dénominations
que repose le premier usage de la parole, qui est
l'acquisition de la science.

Thomas HOBBES

72

Les hommes ont toujours cru remédier à l'ignorance
des choses en inventant des mots auxquels ils ne
purent jamais attacher un vrai sens.

d'HOLBACH

73

Rien n'est plus puissant au monde qu'une idée que le temps a façonnée.

Victor HUGO

74

L'idée de cause et d'effet est dérivée de l'expérience qui, nous présentant certains objets constamment unis, produit en nous une telle habitude de les envisager dans cette relation, que nous ne pouvons plus sans nous faire sensiblement violence les envisager dans une autre.

David HUME

75

On est devenu incapable, par préjugé, de transférer dans le champ de l'intuition ce qu'on trouve dans le champ du jugement.

HUSSERL

76

Ton savoir n'est rien si les autres ignorent que tu sais.

Vladimir JANKÉLÉVITCH

77

Si l'intelligence, recomposant après coup ce qu'elle décomposa, s'entortille dans la complication, l'intellection épouse le mouvement même par lequel la simplicité rayonne en complexité.

Vladimir JANKÉLÉVITCH

78

Enseigner, c'est apprendre deux fois.

JOUBERT

79

Si toutes nos connaissances commencent avec l'expérience, il n'en résulte pas qu'elles dérivent toutes de l'expérience.

KANT

80

Le temps est un outil, pas un lit pour dormir.

J.-F. KENNEDY

81

L'expérimentation est inutile parce qu'avant toute expérience, nous possédons déjà la connaissance que nous cherchons.

Alexandre KOYRÉ

82

L'inconscient est structuré comme un langage.

Jacques LACAN

83

L'homme ne s'adapte pas à la réalité, il l'adapte à lui.

Jacques LACAN

84

Tandis qu'à peine à tes pieds tu peux voir,
Penses-tu lire au-dessus de ta tête ?
(*L'astrologue qui se laisse tomber dans un puits*)

LA FONTAINE

85

L'ambition, l'envie, avec les consultants,
Dans la succession entrent en même temps.
(*Le vieillard et ses enfants*)

LA FONTAINE

86

Ainsi certaines gens faisant les empressés,
S'introduisent dans les affaires.
Ils font partout les nécessaires,
Et partout importuns devraient être chassés.
(*Le coche et la mouche*)

LA FONTAINE

87

Laissez dire les sots ; le savoir a son prix.
(*L'avantage de la science*)

LA FONTAINE

88

N'attendez rien de bon du peuple imitateur,
Qu'il soit singe, ou qu'il fasse un livre.
La pire espèce, c'est l'auteur.
(*Le singe*)

LA FONTAINE

89

Le voyage de mille lieues a commencé par un pas.

LAO-TSEU

90

Le sage peut découvrir le monde sans franchir sa porte. Il voit sans regarder, accomplit sans agir.

LAO-TSEU

91

L'éducation peut tout : elle fait danser les ours.

LEIBNIZ

92

Les faits sont têtus.

LÉNINE

93

Il faut soixante ans pour faire un homme, et après il n'est bon qu'à mourir.

André MALRAUX

94

Ce qui distingue une époque économique d'une autre, c'est moins ce qu'on a produit que la manière de le produire.

Karl MARX

95

L'égalité ne peut régner qu'en nivelant les libertés, inégales de leur nature.

Charles MAURRAS

96

Observation, savoir-faire, expérience et logique doivent être considérés comme les trois étapes du progrès.

Elton MAYO

97

L'expérience est ce qui nous reste quand nous ne pouvons plus faire d'expériences.

Jean MISTLER

98

Il ne faut pas beaucoup d'esprit pour montrer ce que l'on sait, mais il en faut infiniment pour enseigner ce qu'on ignore.

MONTESQUIEU

99

De tous les auteurs, il n'y en a point que je méprise plus que les compilateurs, qui vont de tous côtés chercher des lambeaux des ouvrages des autres, qu'ils plaquent dans les leurs comme des pièces de gazon dans un parterre.

MONTESQUIEU

100

Quelle misérable chose que l'homme ! Ne pas pouvoir seulement sauter par sa fenêtre sans se casser les jambes ! Être obligé de jouer du violon à dix ans pour devenir un musicien passable ! Apprendre à être peintre, pour être palefrenier ! Apprendre pour faire une omelette !

Alfred de MUSSET

101

Une entreprise dans laquelle il n'y a pas d'ordre est incapable de survivre ; mais une entreprise sans désordre est incapable d'évoluer.

Bernard NADOULEK

102

Croyez-vous que vous feriez battre des hommes par l'analyse ? Jamais. Elle n'est bonne que pour le savant dans son cabinet.

NAPOLÉON

103

Il faut apprendre pour connaître, connaître pour comprendre, comprendre pour juger.

NĀRADA

104

Non point « connaître » mais schématiser – imposer au chaos assez de régularité et de formes pour satisfaire notre besoin pratique.

NIETZSCHE

105

Le fait de ne pas pouvoir contredire est la preuve d'une incapacité et non point d'une « vérité ».

NIETZSCHE

106

Le langage est le premier degré de l'effort vers la science.

NIETZSCHE

107

Les vraies richesses sont les méthodes.

NIETZSCHE

108

Pour gagner les gens courageux à une action, le moyen est de la leur dépeindre plus dangereuse qu'elle n'est.

NIETZSCHE

109

Si Pascal avait été militaire comme Descartes, il n'aurait pas écrit les inepties qu'il a écrites sur l'avantage qu'il y a à rester dans une chambre.

Paul NIZAN

110

La dernière chose qu'on trouve en faisant un ouvrage, est de savoir celle qu'il faut mettre la première.

Blaise PASCAL

111

Quand on veut montrer une chose générale, il faut en donner la règle particulière d'un cas ; mais si l'on veut montrer un cas particulier, il faudra commencer par la règle (générale).

Blaise PASCAL

112

Ô mon ami, n'aspire point à la vie du possible mais épuise le champ du possible.

PINDARE

113

Les faits sont comme des sacs, quand ils sont vides ils ne tiennent pas debout.

Luigi PIRANDELLO

114

L'important, c'est de savoir ce qu'il faut observer.

Edgar POE

115

Toute généralisation est une hypothèse.

Henri POINCARÉ

116

Refusez, la fragmentation des connaissances, pensez à tout, ne vous laissez pas noyer par la montée des informations puisque vous avez la chance de vivre en cette fin du XXe siècle.

Karl POPPER

117

Il suivait son idée. C'était une idée fixe, et il était surpris de ne pas avancer.

Jacques PRÉVERT

118

Là où je cherchais de grandes lois, on m'appelait fouilleur de détails.

Marcel PROUST

119

Ne marche pas où la foule piétine.

PYTHAGORE

120

Il nous faut admettre que le style d'une œuvre singulière n'est après tout qu'une formulation parmi d'autres que l'artiste aurait pu tout aussi bien retenir.

Roland RECHT

121

Le pseudo « honnête homme » est aussi incapable de parler d'une manière détendue de la pluie et du beau temps que d'une manière tendue des questions complexes.

Jean-François REVEL

122

La parole devance tout geste en le signifiant. Elle est le sens compris de ce qui reste à faire.

Paul RICŒUR

123

Avant de rêver il faut savoir.

Jean ROSTAND

124

Chaque fois que nous entendons dire : de deux choses l'une, empressons-nous de penser que, de deux choses, c'est vraisemblablement une troisième.

Jean ROSTAND

125

Les hommes sont pervers ; ils seraient pires encore s'ils avaient eu le malheur de naître savants.

Jean-Jacques ROUSSEAU

126

Jusqu'alors les Romains s'étaient contentés de pratiquer la vertu ; tout fut perdu quand ils commencèrent à l'étudier.

Jean-Jacques ROUSSEAU

127

Le premier qui ayant enclos un terrain s'avisa de dire : « Ceci est à moi », et trouva des gens assez simples pour le croire, fut le vrai fondateur de la société civile.

Jean-Jacques ROUSSEAU

128

Les pensées, même des plus sages, ne sont guère plus que des questions bien posées.

John RUSKIN

129

Une vérité n'appartient pas à celui qui la trouve, mais à celui qui la prouve.

Jean-Baptiste SAY

130

Quicquid inter vicina eminet est illic ubi eminet. Nam magnitudo non habet modum certum : comparatio illam aut tollit aut deprimit. Tout ce qui dépasse de son entourage est déclaré grand. Mais il n'y a pas de mesure absolue de la grandeur : celle-ci ne résulte que de la comparaison, qui grandit ou diminue.

SÉNÈQUE

131

Peu de gens pensent plus de deux ou trois fois par an ; je me suis fait une réputation internationale en pensant deux ou trois fois par semaine.

George-Bernard SHAW

132

L'Américain a un respect sincère de ce qui s'enseigne, il croit à l'éducation, mais il veut qu'elle soit pratique : il la considère moins comme l'acquisition d'une culture que comme un ensemble de recettes.

André SIEGFRIED

133

On peut connaître tout, excepté soi-même.

STENDHAL

134

L'université développe tous les dons de l'homme, entre autres la bêtise.

TCHEKHOV

135

L'homme trouve presque autant de difficultés à être inconséquent dans ses paroles qu'il n'en rencontre d'ordinaire à être conséquent dans ses actes.

Alexis de TOCQUEVILLE

136

Plus faible est mon bras, plus j'ai besoin d'un modèle parfait.

Léon TOLSTOÏ

137

Notre pensée ne peut jamais être trop complexe, ni trop simple. Car le réel, qu'elle veut atteindre, ne peut être que d'une complexité infinie, inépuisable, et d'autre part elle ne peut saisir et se servir de ce qu'elle a saisi, que si elle lui a donné quelque figure simple.

Paul VALÉRY

138

Si la règle est le désordre, tu paieras d'avoir mis de l'ordre.

Paul VALÉRY

139

Être compétent, c'est se tromper selon les règles.

Paul VALÉRY

140

Ce qui est simple est faux, ce qui est compliqué est inutile.

Paul VALÉRY

141

Prends l'éloquence et tords-lui le cou.

Paul VERLAINE

142

L'éducation développe les facultés, mais ne les crée pas.

VOLTAIRE

143

L'expérience, nom dont les hommes baptisent leurs erreurs.

Oscar WILDE

144

Il n'y a pas une structure meilleure mais différentes structures qui sont les meilleures dans différentes conditions.

Joan WOODWARD

2

AGIR EN STRATÈGE

AGIR EN STRATÈGE :
GOUVERNER, C'EST PRÉVOIR,
ET PRÉVOIR, C'EST VOULOIR

« En toute chose il faut considérer la fin » c'est ainsi que La Fontaine imaginait sans doute la décision stratégique…

La décision stratégique, c'est le pont qui relie les deux rives de la réflexion (le modèle) et l'action (les stratagèmes). L'étude de ce type de décision est fascinante, dans la mesure où elle ne ressemble à aucune autre. Elle repose d'un côté sur des fondements logiques, de calcul économique, de faisabilité technologique ou commerciale, de cohérence entre les buts et les activités envisagées, et, d'un autre côté, sur des éléments « irrationnels », de créativité, d'intuition, de prise de risque.

Les recherches sur les processus comme l'observation des pratiques font appel à de multiples disciplines, depuis l'analyse économique fondamentale jusqu'aux approches qualifiées de « cognitives ». À notre sens, ces travaux doivent être compris, dans leur diversité, comme plus complémentaires que concurrents, car ils reflètent la complexité de la décision stratégique.

Les citations reflètent ce que l'on peut bien appeler une réelle perplexité face à une situation de type stratégique, qui suscite des sentiments contradictoires.

Tout d'abord, cet « instant de la décision » dont parle le cardinal de Retz constitue un condensé instantané, une cristallisation de la relation entre le passé et le futur. Certains soulignent le rôle de « l'histoire » et « des histoires » pour comprendre la prise de décision, tout autant que la décision prise. D'autres insistent sur le fait que la décision stratégique implique une projection sur le futur, contribuant à le modeler, mais aussi subissant « l'aléa moral » d'événements à venir ontologiquement imprévisibles.

En second lieu, les citations révèlent une ambivalence entre la nécessité de rationaliser, d'objectiver les éléments de la prise de décision, en s'appuyant notamment sur les informations retenues dans le modèle choisi, et l'omniprésence des éléments irrationnels, tels que la « passion », « l'intuition », la « créativité », la « prise de risque », souvent ramenés à l'« esprit d'entreprise ».

Dans une vision « managériale » de la gestion des entreprises, ces éléments d'irrationalité doivent être gommés progressivement au profit d'une démarche analytique, qui privilégie les relations logiques entre les variables intervenant dans la prise de décision. Ainsi, on justifiera une stratégie de croissance de la part de marché par sa relation logique avec la création de profit, une stratégie de diversification par les effets de synergie attendus, etc.

À cette vision, s'oppose une approche plus subjective, dans laquelle les représentations, les valeurs individuelles, l'éthique personnelle, les « esprits animaux » jouent un rôle majeur. De Napoléon à Hayek, les « passions » sont mises au premier plan – vision que l'on retrouve dans le courant dit « entrepreneurial », pour lequel, par excellence, la décision stratégique relève d'un esprit d'entreprise, autant d'un état psychologique (et social) que d'un état des affaires, c'est-à-dire d'un examen « objectif » des forces en présence, dans l'entreprise comme dans son environnement.

La perplexité que nous avons évoquée est bien présente dans les pratiques, comme dans les modèles qualifiés de « corporate entrepreneurship ». Les grandes entreprises s'efforcent d'insuffler cet état d'esprit au sein d'organisations très rationnelles, bureaucratiques. Les pratiques nouvelles de management cherchent à tirer parti, ou à susciter un univers passionnel d'engagement des individus, quitte à leur offrir des incitations, des « rémunérations », des « récompenses », tant matérielles que psychologiques – quitte à accepter une certaine prise de risque. Ainsi, dans l'entreprise éclatée, les décisions stratégiques se répandent dans les échelons « d'en bas ».

Dans les entreprises de petite taille, les procédures ne sont pas omnipotentes et omniprésentes, en sorte que les facteurs « affectifs » (la « concupiscence » pascalienne) dans la prise de décision tendent à l'emporter sur le côté rationnel de l'« intellect ». Plusieurs citations viennent souligner la diversité des opinions en ce qui concerne cette prédominance de l'affect.

N'oublions pas en effet que, à la limite, la décision peut reposer sur tant de conjectures improbables, sur tant de complexité et d'imprévisibilité, que l'on voit maints décideurs – et non des moindres – faire appel à des « gourous », à des « parapsychologues », voire des astrologues, la boule de cristal remplaçant le logiciel informatique.

Nombre de soi-disant « modèles stratégiques » ne sont, de ce point de vue, qu'un énoncé de propositions fort banales (il vaut toujours mieux être beau, jeune, intelligent, riche et en bonne santé que l'inverse…). Ainsi les Américains Peters et Waterman viennent d'« avouer » (dans un livre à succès…) avoir « bricolé » des résultats d'enquête pour proposer leurs célèbres principes d'excellence !

Au total, le choix de la décision stratégique se ramène à la question philosophique de la relation entre le déterminisme et le libre arbitre. Le bon stratège est-il celui qui se plie le mieux aux diktats des « forces du marché », et autres lois naturelles, ou est-ce celui qui se révèle capable d'imposer sa propre volonté, dans un monde incompréhensible, nietzchéien ?

On retrouvera ce dilemme dans la partie suivante, consacrée à la concurrence.

Mots-clés

Action, exécution
Courage
Création
Décision (choix)
Discipline
Échec
Entreprendre (entrepreneur, leader, chef)
Espérance(confiance)
Idées
Ignorance
Incertitude (circonstances, hasard, fortune)
Intention (inconséquence)
Invention
Histoire(s)
Liberté (libre arbitre, indépendance)
Ordre (désordre)
Patience
Passé (présent, avenir)
Passion (concupiscence)
Pensée
Prévision (prévoyance)
Projet (vision, fin)
Rêve
Risque (danger, prudence, sagesse)
Savoir (savoir-faire, talent, génie)
Technique (outils, science)
Temps
Travail
Volonté (persévérance)

1

Un milliardaire me ferait rire s'il voulait me gouverner ; je peux choisir le pain sec et la liberté.

ALAIN

2

Incertitude, ô mes délices ;
Vers toi nous nous en allons ;
Comme les écrevisses ;
À reculons, à reculons.

Guillaume APOLLINAIRE

3

Le peintre assis devant sa toile a-t-il jamais peint ce qu'il voit ? ce qu'il voit, son histoire le voile.

Louis ARAGON

4

En revenant sur un passé d'erreurs, on trouve la vérité en un véritable repentir intellectuel.

Gaston BACHELARD

5

Celui qui trouve sans chercher est celui qui a long-temps cherché sans trouver.

Gaston BACHELARD

6

Face au réel, ce qu'on croit savoir clairement offusque ce qu'on devrait savoir.

Gaston BACHELARD

7

Le pouvoir est une action, et le principe électif est la discussion. Il n'y a pas de politique possible avec la discussion en permanence.

BALZAC

8

Nous prévoyons le pire, mais c'est une prophétie qui a quelque chose d'un peu automatique et de faussement intelligent.

Alessandro BARICCO

9

La meilleure façon de lutter contre le chômage, c'est de travailler.

Raymond BARRE

10

C'est par le travail que la conscience claire et distincte des objets nous fut donnée, et la science est toujours demeurée la compagne des techniques.

Georges BATAILLE

11

Tu m'as donné ta boue et j'en ai fait de l'or.

BAUDELAIRE

12

L'imagination, grâce à sa nature suppléante, contient l'esprit critique.

BAUDELAIRE

13

Je commençais même à comprendre que, pour gagner du bien, le savoir-faire vaut mieux que le savoir.

BEAUMARCHAIS

14

Il fallait un calculateur, ce fut un danseur qui l'obtint.

BEAUMARCHAIS

15

La décision est souvent l'art d'être cruel à temps.

Henry BECQUE

16

Choisir, donc exclure.

BERGSON

17

Agir en homme de pensée et penser en homme d'action.

BERGSON

18

Nous ne percevons, pratiquement, que par le passé, le présent pur étant l'insaisissable progrès du passé rongeant l'avenir.

BERGSON

19

Le temps est invention ou il n'est rien du tout.

BERGSON

20

La spéculation est un luxe, tandis que l'action est une nécessité.

BERGSON

21

Là où il n'y a pas de vision, les peuples périssent.

La Bible

22

L'avenir ne se prévoit pas, il se prépare.

Maurice BLONDEL

23

Mon action est mon seul bien, mon action est mon héritage, mon action est la matrice qui me fait naître, mon action est ma race, mon action est mon refuge.

BOUDDHA

24

Voir est une chose, y aller en est une autre : ce n'est que l'action qui compte.

BRANCUSI

25

De toutes les écoles de patience et de lucidité, la création est la plus efficace.

Albert CAMUS

26

Quand j'avais ton âge, je m'exerçais une demi-heure par jour. Il m'est arrivé de croire jusqu'à six choses impossibles avant le petit déjeuner.

Lewis CARROLL

27

Quand on a la lanterne de Diogène, il faut avoir son bâton.

CHAMFORT

28

Prévoir en stratège, agir en primitif.

René CHAR

29

Pour agir, il faut une bonne dose de défauts.
Un homme sans défaut n'est bon à rien…

Jacques CHARDONNE

30

Du moment où il se lève, l'Américain est au travail. Il s'y absorbe jusqu'à l'heure du sommeil. Il ne permet point aux plaisirs de l'en distraire.

Michel CHEVALIER

31

L'avenir n'appartient à personne. Il n'y a pas de précurseurs, il n'existe que des retardataires.

Jean COCTEAU

32

Dans le monde, les plus grandes affaires ne se font presque jamais que par les plus petites.

COLBERT

33

En tout ce qui est douteux, le seul moyen d'agir avec assurance est de faire son compte sur le pis.

COLBERT

34

Se garder de l'espérance, mauvais guide.

COLBERT

35

Ne rien exposer au hasard de ce qui peut être assuré par le temps et la prudence.

COLBERT

36

Science d'où prévoyance, prévoyance, d'où action.

Auguste COMTE

37

Les événements amenés par la combinaison ou la rencontre d'autres événements qui appartiennent à des séries indépendantes les unes des autres, sont ce qu'on nomme des événements fortuits, ou des résultats du hasard.

Antoine-Augustin COURNOT

38

Un joueur, cela vaut cher. Un autre joueur également. Mais ce qu'il y a entre deux joueurs n'a pas de prix.

Raynald DENOUEIX

39

Posséder le présent en pleine confiance,
N'avoir pour l'avenir crainte ni espérance,
Font attendre partout la mort tranquillement.

DES BARREAUX

40

Ne manquer jamais de volonté pour entreprendre et exécuter toutes les choses qu'il jugera être les meilleures : ce qui est suivre parfaitement la vertu.

DESCARTES

41

Il n'y a de certain que le passé, mais on ne travaille bien qu'avec l'avenir.

Auguste DETŒUF

42

C'est peut- être chez les artisans qu'il faut aller chercher les preuves les plus admirables de la sagacité de l'esprit, de sa patience et de ses ressources.

DIDEROT

43

Notre époque est caractérisée par la perfection des outils, mais avec des buts confus.

Albert EINSTEIN

44

Celui qui ne peut plus éprouver ni étonnement ni surprise est pour ainsi dire mort ; ses yeux sont éteints.

Albert EINSTEIN

45

Raisin vert, raisin mûr, raisin sec, tout est changement ; non plus pour ne plus être, mais pour devenir ce qui n'est pas encore.

ÉPICTÈTE

46

Alors que la plupart des gens comprennent les effets de premier ordre, peu traitent bien des effets de deuxième et troisième ordres. Malheureusement, tout ce qui est virtuellement intéressant en affaires se trouve dans les effets de quatrième ordre et au-delà.

Jay FORRESTER

47

C'est en croyant aux roses qu'on les fait éclore.

Anatole FRANCE

48

Pour nous, ce « sens » n'est autre chose que l'intention qu'il sert et la place qu'il occupe dans la série psychique.

Sigmund FREUD

49

J'ai entendu vos points de vue. Ils ne rencontrent pas les miens. La décision est prise à l'unanimité.

Charles de GAULLE

50

Nous voulons de la place au soleil – c'est normal
mon garçon ; alors fais du soleil au lieu de chercher à
faire de la place.

Jean GIONO

51

J'aime celui qui rêve l'impossible.

GOETHE

52

Il n'est pas nécessaire, d'espérer pour entreprendre,
ni de réussir pour persévérer.

Guillaume d'ORANGE-NASSAU
(dit le Taciturne)

53

Un fantôme, un bon ou un mauvais présage, n'appartiennent pas moins à la classe d'événements déter-
minant l'action humaine.

Friedrich HAYEK

54

Quand on entend dire que d'une façon absolue la
volonté consiste à pouvoir faire ce que l'on veut, on
peut considérer une telle conception pour un défaut
total de culture de l'esprit.

HEGEL

55

Le besoin de modifier les choses extérieures est déjà inscrit dans les premiers penchants de l'enfant.

HEGEL

56

Le travail est désir réfréné, disposition retardée : le travail forme.

HEGEL

57

Rien de grand ne s'est accompli dans l'histoire sans passion.

HEGEL

58

Un pâle souvenir est sans force dans la tempête qui souffle sur le présent.

HEGEL

59

L'erreur a créé beaucoup plus que la vérité.

Édouard HERRIOT

60

La singularité est subversive.

Edmond JABES

61

La meilleure des sociétés est celle qui se compose du plus grand nombre possible d'entrepreneurs indépendants.

Thomas JEFFERSON

62

C'est un bien, et l'un des plus grands biens dont nous puissions jouir, que d'être délicieusement absorbé par une tâche, que l'on en vienne à regarder les pauses comme des moyens nécessaires pour mieux accomplir la tâche, regardée comme le meilleur emploi que l'on puisse faire de sa vie.

Bertrand de JOUVENEL

63

La discipline transforme l'animalité en humanité.

Emmanuel KANT

64

Le génie est le talent de produire ce dont on ne peut donner de règle déterminée, et non pas l'habileté qu'on peut apprendre suivant une règle.

Emmanuel KANT

65

Tu dois, donc tu peux.

Emmanuel KANT

66

L'émotion ne porte qu'une atteinte momentanée à la liberté et à l'empire de soi. La passion l'abandonne et trouve son plaisir et son contentement dans le sentiment de la servitude.

Emmanuel KANT

67

Seul un intérêt passionné peut vouer le sujet à exister pleinement.

Soren KIERKEGAARD

68

Il n'y a au monde que deux manières de s'élever, ou par sa propre industrie, ou par l'imbécillité des autres.

LA BRUYÈRE

69

C'est l'acheter trop cher, que l'acheter d'un bien,
Sans qui les autres ne sont rien.
(*Le cheval s'étant voulu venger du cerf*)

LA FONTAINE

70

La vraie épreuve de courage,
N'est que dans le danger que l'on touche du doigt.
(*Le lion et le chasseur*)

LA FONTAINE

71

Le monarque prudent et sage,
De ses moindres sujets sait tirer quelque usage,
Et connaît les divers talents :
Il n'est rien d'inutile aux personnes de sens.
(*Le lion s'en allant en guerre*)

LA FONTAINE

72

Quel esprit ne bat la campagne ?
Qui ne fait châteaux en Espagne ?
(*La laitière et le pot au lait*)

LA FONTAINE

73

Le trop d'expédients peut gâter une affaire ;
On perd du temps au choix, on tente, on veut tout faire.
N'en ayons qu'un, mais qu'il soit bon.
(*Le chat et le renard*)

LA FONTAINE

74

Le grand leader est celui dont le peuple dit : nous l'avons fait nous-même.

LAO-TSEU

75

Le moyen de faire, c'est d'être.

LAO-TSEU

76

Ne pas prévoir, c'est déjà gémir.

Léonard de VINCI

77

La décision a besoin d'un esprit de maître ; et il est sans comparaison plus facile de faire ce qu'on est, que d'imiter ce qu'on n'est pas.

LOUIS XIV

78

Toujours une mutation laisse des pierres d'attente pour une mutation nouvelle.

Nicolas MACHIAVEL

79

Il vaut mieux mettre à la tête d'une expédition un seul chef d'une habileté extraordinaire, que de la confier à deux hommes d'un grand mérite, en leur partageant également cette même autorité.

Nicolas MACHIAVEL

80

À la maîtrise, l'enfant substitue le miracle.

André MALRAUX

81

Quiconque n'est pas révolutionnaire à seize ans, n'a plus à trente ans assez d'énergie pour faire un capitaine de pompiers.

André MAUROIS

82

Il faut exceller en tous les avantages du cœur et de l'esprit d'une manière agissante et commode, plutôt qu'en philosophe spéculatif et farouche.

MÉRÉ

83

Si les créations ne sont pas un acquis, ce n'est pas seulement que, comme toutes choses, elles passent, c'est aussi qu'elles ont presque toute leur vie devant elles.

Maurice MERLEAU-PONTY

84

Le chemin est long du projet à la chose.

MOLIÈRE

85

L'objectivité nous oblige à reconnaître le caractère téléonomique des êtres vivants, à admettre que dans leurs structures et performances, ils réalisent et poursuivent un projet.

Jacques MONOD

86

Quand tout a été dit, quand tout a été fait, la plus grande qualité nécessaire chez le commandant est « l'esprit de décision ».

maréchal MONTGOMERY

87

Je n'ai donc jamais été véritablement mon maître ; mais j'ai toujours été gouverné par les circonstances.

NAPOLÉON

88

Lorsqu'on s'est trompé, il faut persévérer, cela donne raison.

NAPOLÉON

89

Le négociant ne doit pas gagner la fortune comme on gagne une bataille ; il doit gagner peu et constamment.

NAPOLÉON

90

Je n'étais point le maître de mes actes, parce que je n'avais pas la folie de vouloir tordre les événements à mon système…et c'est ce qui m'a souvent donné des apparences de mobilité, d'inconséquence, et m'en a fait accuser parfois ; mais était-ce bien juste ?

NAPOLÉON

91

Il n'y a que deux espèces de plans de campagne : les bons et les mauvais ; les bons échouent presque toujours par des circonstances imprévues qui font souvent réussir les mauvais.

NAPOLÉON

92

Personne ne peut voir, dans l'œuvre de l'artiste, comment elle s'est faite ; c'est son avantage, car partout où l'on peut assister à la formation, on est un peu refroidi.

NIETZSCHE

93

Il est des natures plus rares qui aiment mieux périr que travailler sans joie : ces hommes sont minutieux et difficiles à satisfaire, ils ne se contentent pas d'un gain abondant, lorsque le travail n'est pas lui-même le gain de tous les gains.

NIETZSCHE

94

Toute activité de l'homme est compliquée à miracle, non pas seulement celle du génie, mais aucune n'est un « miracle ».

NIETZSCHE

95

Le préjugé foncier est de croire que l'ordre, la clarté, la méthode doivent tenir à l'être vrai des choses, alors qu'au contraire le désordre, le chaos, l'imprévu n'apparaissent que dans un monde faux ou insuffisamment connu – bref, sont une erreur.

NIETZSCHE

96

Il faut se méfier des ingénieurs, ça commence par la machine à coudre et ça finit par la bombe atomique.

Marcel PAGNOL

97

Tout ce qui est au monde est concupiscence de la chair, ou concupiscence des yeux ou orgueil de la vie… Malheureuse la terre que ces trois fleuves de feu embrasent plutôt qu'ils n'arrosent !

Blaise PASCAL

98

La chose la plus importante à toute la vie est le choix du métier : le hasard seul en dispose.

Blaise PASCAL

99

Nous ne pensons presque point au présent ; et, si nous y pensons, ce n'est que pour en prendre la lumière pour disposer de l'avenir.

Blaise PASCAL

100

Quand un soldat se plaint de la peine qu'il a, ou un laboureur, etc., qu'on les mette sans rien faire.

Blaise PASCAL

101

Ce sont les gens qui nous ont légué le plus beau mot de notre langue : le mot enthousiasme, du grec *théo*, un dieu intérieur.

PASTEUR

102

Les grandes questions de responsabilité morale ne doivent pas nous faire perdre de vue les questions d'ordre et de comptabilité.

Casimir PERIER

103

L'économie n'est pas guidée seulement par la recherche du gain mais aussi par celle du pouvoir.

François PERROUX

104

J'ai mis toute une vie à savoir dessiner comme un enfant.

PICASSO

105

Je ne cherche pas, je trouve.

PICASSO

106

Là où la science nous avait montré une stabilité immuable et pacifiée, nous comprenons que nulle organisation, nulle stabilité n'est, en tant que telle, garantie ou légitime, aucune ne s'impose en droit, toutes sont produits des circonstances et à la merci des circonstances.

Ilya Prigogine et Isabelle Stengers

107

Si tu ne sais pas où tu vas, regarde d'où tu viens.

Proverbe africain

108

La vie est une échelle, les uns montent, les autres descendent.

Proverbe bulgare

109

Homme de la plaine, pourquoi gravis-tu la montagne ? Pour mieux regarder la plaine…

Proverbe chinois

110

Si vous menez un âne loin, même à la Mecque, il n'en reviendra jamais qu'un âne.

Proverbe turc

111

Qui veut choisir souvent prend le pire.

Mathurin RÉGNIER

112

Rien de grand ne se fait sans chimères.

Ernest RENAN

113

Ce sont les idées qui mènent le monde.

Ernest RENAN

114

Il n'y a rien dans le monde qui n'ait son moment décisif, et le chef-d'œuvre de la bonne conduite est de voir et de prendre ce moment.

RETZ

115

Plus de vue et plus de jointure.

RETZ

116

Il n'y a que l'expérience qui puisse apprendre aux hommes à ne pas préférer ce qui les pique dans le présent à ce qui doit les toucher bien plus essentiellement dans l'avenir.

RETZ

117

Il y a loin de la velléité à la volonté, de la volonté à la résolution, de la résolution au choix des moyens, du choix des moyens à l'application.

RETZ

118

Distinguer l'extraordinaire de l'impossible

RETZ

119

La passion consiste à sentir dans le fini un infini qui n'existe pas.

Jean-François REVEL

120

Abaissez-vous à l'état d'artisan pour être au-dessus du vôtre. Pour vous soumettre la fortune et les choses, commencez par vous en rendre indépendant.

Jean-Jacques ROUSSEAU

121

Pouvoir ce que l'on veut et vouloir ce qu'il faut.

SAINT-AUGUSTIN

122

L'avenir (…) n'est jamais que du présent à mettre en ordre. (…) tu n'as pas à le prévoir, mais à le permettre.

SAINT-EXUPÉRY

123

Pour aller où tu ne sais pas, tu dois aller par où tu ne sais pas.

Saint-Jean-de-la-Croix

124

Assure-toi de tes doutes.

Saint-Thomas-d'Aquin

125

Le passé, voilà le véritable enfer, on n'en sort jamais.

Armand Salacrou

126

L'homme n'est rien d'autre que son projet, il n'existe que dans la mesure où il se réalise, il n'est rien d'autre que l'ensemble de ses actes, rien d'autre que sa vie.

Jean-Paul Sartre

127

Être libre, c'est courir le risque perpétuel de voir ses entreprises échouer et la mort briser le projet.

Jean-Paul Sartre

128

Vous êtes libres, choisissez, c'est-à-dire inventez.

Jean-Paul Sartre

129

L'homme n'est rien d'autre que ce qu'il se fait.

Jean-Paul SARTRE

130

Serions-nous muets et cois comme des cailloux, notre passivité même serait une action.

Jean-Paul SARTRE

131

Entreprendre consiste à changer un ordre existant.

SCHUMPETER

132

Les véritables pionniers du socialisme n'ont pas été les intellectuels ou les agitateurs qui ont prêché cette doctrine, mais bien les Vanderbilt, les Carnegie, les Rockfeller.

SCHUMPETER

133

Non statim pusillum est si quid maximo minus est.
N'est pas un nain, celui qui est plus petit que le plus grand.

SÉNÈQUE

134

Magna pars est profectus velle proficere.
Un grand bout de chemin est fait, dès lors que l'on
veut avancer.

SÉNÈQUE

135

Ille ex futuro suspenditur cui irritus.
L'insouciant dépend du futur.

SÉNÈQUE

136

Non faciunt meliorem equum auri freni.
Des mors en or ne rendent pas un cheval meilleur.

SÉNÈQUE

137

*Non potest athleta magnos spiritus ad certaminem adferre qui
numquam sulligatus est.*
Un athlète ne peut arriver au combat fortement
motivé s'il n'a pas subi d'épreuves auparavant.

SÉNÈQUE

138

La prédiction est un art difficile, surtout lorsqu'il
s'agit de prévoir l'avenir.

George-Bernard SHAW

139

L'homme raisonnable s'adapte au monde. L'homme déraisonnable tente d'adapter le monde à ses vues. Tous les progrès sont venus des hommes déraisonnables.

George-Bernard Shaw

140

Quelle est la grande action qui ne soit pas un extrême au moment où on l'entreprend ? C'est quand elle est accomplie qu'elle semble possible aux êtres du commun.

STENDHAL

141

Une idée fausse, mais claire et précise, aura toujours plus de puissance dans le monde qu'une idée vraie, mais complexe.

Alexis de TOCQUEVILLE

142

Ce qui frappe le plus aux États-Unis, ce n'est pas la grandeur extraordinaire de quelques entreprises industrielles, c'est la multitude innombrable de petites entreprises.

Alexis de TOCQUEVILLE

143

Non seulement on voit aux États-Unis, comme dans tous les autres pays, des classes industrielles et commerçantes, mais, ce qui ne s'était jamais rencontré, tous les hommes s'y occupent à la fois d'industrie et de commerce.

Alexis de TOCQUEVILLE

144

Que de choses il faut ignorer pour agir.

Paul VALÉRY

145

Felix qui potuit rerum cognoscere causas.
Atque metus omnes inexorabile fatum subjecit pedibus.
Heureux celui qui a pu connaître les causes de toutes choses,
Et foulé aux pieds toutes craintes d'un inexorable destin.

VIRGILE

146

On parla des passions : « Ah ! qu'elles sont funestes ! disait Zadig. Ce sont les vents qui enflent les voiles du vaisseau, répondit l'ermite ; elles le submergent quelquefois, mais sans elles il ne pourrait voguer. »

VOLTAIRE

3

COMBATTRE

COMBATTRE
DANS L'ARÈNE CONCURRENTIELLE :
« STRUGGLE FOR LIFE »,
OU « LIFE FOR STRUGGLE » ?

C'est à Héraclite que nous laissons le soin d'introduire ce chapitre :

« Le combat est père et roi de tout. Les uns, il les produit comme des dieux et les autres comme des hommes. Il rend les uns esclaves et les autres libres. »

Comme le rappelle son origine militaire, la démarche stratégique est bien souvent assimilée à une situation de résolution de conflits, ou à la confrontation de forces en présence. Dans la littérature de management stratégique, les expressions abondent, qui vont de la simple métaphore (le « capitaine d'industrie »), à l'analogie (les « guerres de prix » destinées à « tuer la concurrence », et aux autres « manœuvres tactiques »), jusqu'à la transcription : ainsi certains auteurs ont proposé des modèles reprenant les règles énoncées par le général prussien Clausewitz concernant la conduite des guerres, des campagnes et des batailles.

Cette référence guerrière est-elle judicieuse ? Les avis sont très contrastés, comme le soulignent maintes citations.

Dès l'abord, à un niveau concernant le sens des sociétés humaines, voire les espèces animales et même l'ensemble des êtres vivants, dans quelle mesure la lutte, le pouvoir, la force, la concurrence, etc. règlent-ils les rapports de chaque espèce et entre les espèces ? Le regain d'intérêt accordé aux thèses darwiniennes de l'évolutionnisme, accru par les découvertes génétiques, a suscité de nombreux travaux en management stratégique.

De Hobbes à Rousseau, le « *homo homine lupus* » prédomine. Le débat tourne autour de la légitimité du droit de propriété, accaparement par la violence devenu un droit naturel. La théorie économique libérale actuelle assoit ses fondations sur l'« *usus, fructus, abusus* » hérité du droit romain.

En conséquence, la concurrence entre individus apparaît comme une chose naturelle, consubstantielle à la société de libre entreprise. L'archétype en est la société américaine, et les modèles stratégiques anglo-saxons envisagent les relations sous forme de transactions entre individus, où chacun est mû par son intérêt.

Il en découle une hypothèse de comportement opportuniste, impliquant que l'on ne peut *a priori* faire confiance à son interlocuteur. Comme celle-ci est indispensable à la bonne marche des affaires, divers subterfuges ont été mis en place : éthiques de conviction et de responsabilité, règles juridiques et codes promouvant le *fair trade*, gouvernance des transactions, conventions et usages de bonne conduite, etc. Il n'en reste pas moins que les stratagèmes multiples mis en œuvre ont pour but de dominer l'adversaire, ou de profiter de ses faiblesses.

À la lecture des citations, on ne peut qu'être frappé par cette vision pessimiste de la société. Certains moralistes soulignent les excès de cet esprit de concurrence, même si d'autres mettent en avant ses avantages. Cependant, d'autres voix se font entendre, qui tempèrent cette conception guerrière de la stratégie.

La première question est de savoir si la guerre est profitable au commerce : les hésitations de Kant sont révélatrices de l'ambiguïté des réponses. Certes, les affaires vont mieux en temps de paix, mais « *si vis pacem …* » De plus, les dépenses consacrées à la guerre sont stériles, encore qu'elles « créent de la valeur », dirait-on aujourd'hui. Et puis, elles renforcent les nations. Bref, la réponse est plus nuancée que la seule référence au « doux commerce » .

La seconde question est de savoir dans quelle mesure les stratégies des entreprises reposent sur des rapports de forces (ce que dit Tocqueville des nations vaut pour les entreprises). La célèbre citation de Smith sur les « collusions naturelles » vient nuancer cette image stéréotypée d'une concurrence à couteaux tirés. On parle aujourd'hui, à côté de l'« hypercompétition », de la « coopétition », mélange complexe, au sein de réseaux, de concurrence et de coopération, au gré des arènes concurrentielles. Bien entendu, les alliances stratégiques, que ce soit entre géants ou entre nains, ne sont pas dénuées d'opportunisme – ce qui explique largement l'importance des échecs.

La troisième question est de savoir si des entreprises peuvent survivre, voire prospérer, sans adopter une stratégie agressive, qui serait fondée sur une volonté manifeste de détruire ou d'affaiblir le protagoniste, considéré *a priori* comme un redoutable adversaire. La montée des relations de réseaux est révélatrice d'un dépassement des rapports de forces antérieurs, fondés, soit sur la puissance affichée de grandes bureaucraties hiérarchisées, soit sur un « nettoyage » par la concurrence de marché. Les travaux actuels sur la concurrence et la décision stratégique (notamment en théorie des jeux) démontrent logiquement les avantages de la coopération : celle-ci, contrairement à ce que laisse entendre Smith, n'est donc pas *nécessairement* le fruit d'une conjuration contre le public.

Une autre explication repose sur le fait que les entreprises détiennent en fait des ressources, au sens large (actifs, connaissances), qui leur permettent de dégager des compétences distinctives, leur procurant un avantage sur le marché, indépendamment d'une lutte concurrentielle (surtout fondée sur des avantages de coût liés à la grande taille et à la domination sur le marché). Il en résulte d'autres comportements stratégiques, liés à la créativité, l'innovation, la prise de risque : on retrouve ainsi les questions posées précédemment en ce qui concerne la nature de la décision stratégique. En d'autres termes, ces entreprises suivent une stratégie entrepreneuriale.

Cependant, un tel comportement apparaît en opposition par rapport aux orthodoxies dominantes : celle de la toute-puissance du marché, comme sélecteur des plus aptes, et celle de la toute-puissance des grandes bureaucraties managériales. Au demeurant, on ne saurait oublier que ces dernières reposent sur des principes hérités de l'organisation militaire : administration napoléonienne, puis *staff and line* hérité de la Première Guerre mondiale, et, enfin, planification stratégique venue de la guerre du Vietnam. Nul doute que la nouvelle géostratégie militaire a inspiré les nouvelles structures de management stratégique : ainsi, Internet fut à l'origine un projet militaire.

En conséquence, ainsi qu'on le verra dans la dernière partie, il importe que la vision stratégique s'insère, s'encastre, s'incruste dans les valeurs dominantes de la société pour qu'elle acquière sa pleine légitimité.

Mots-clés

Affaires (argent)
Alliances (entraide, collusion)
Armée (militaire)
Changement
Combat (stratagème, circonstances)
Concurrence (sélection, adversaire)
Confiance (tromperie, méfiance)
Danger (prudence, audace, offensive)
Diplomatie
Échec
Exécution
Force (violence, douceur, faiblesse)
Intérêt (amour-propre, haine, opportunisme)
Mégalomanie
Mensonge (méchants, ennemis)
Moralité
Organisation
Paix (guerre)
Pouvoir (puissance, exploitation)
Réforme
Ressources
Tactique
Taille (grand, petit)
Victoire

1

Le plus riche des hommes ne peut rien sur moi, si je sais travailler ; et même le plus maladroit des manœuvres garde le pouvoir royal d'aller, de venir, de dormir.

ALAIN

2

Qu'est donc le pouvoir du plus riche des riches à côté du pouvoir d'un capitaine ?

ALAIN

3

Je ne suis point dupe des voleries dont on fait grand bruit, ni de ces marchandages à double mensonge qui ne sont que des jeux entre égaux. Nul ne vendra plus cher à un enfant.

ALAIN

4

Qui veut la guerre est en guerre avec soi.

ALAIN

5

Le lion et l'agneau partageront la même couche, mais l'agneau ne dormira pas beaucoup.

Woody ALLEN

6

Tout affaiblissement du pouvoir est une invite manifeste à la violence.

Hannah ARENDT

7

Faire confiance aux honnêtes gens est le seul risque
des professions aventureuses.

Michel AUDIARD

8

Détruire la concurrence, c'est tuer l'intelligence.

Frédéric BASTIAT

9

La stratégie est l'art de la dialectique des volontés,
employant la force pour résoudre les conflits.

général BEAUFRE

10

Comme chacun pillait autour de moi en exigeant que
je fusse honnête, il fallut bien périr encore.

BEAUMARCHAIS

11

Sans échec, pas de morale.

Simone de BEAUVOIR

12

– Est-ce que j'ai l'air d'un homme à combinaison ténébreuse ? Ma parole, je n'ai jamais vu un polichinelle pareil !
– Comment m'appelez-vous, saltimbanque !
– Laissez, madame, on n'interrompt jamais une conversation d'affaires.

Henry BECQUE

13

La diplomatie sans les armes, c'est la musique sans les instruments.

BISMARCK

14

Face au monde qui change, il vaut mieux penser le changement que changer le pansement.

Francis BLANCHE

15

Il n'existe rien de constant, sinon le changement.

BOUDDHA

16

L'histoire du management montre que la société industrielle s'est efforcée de calquer sa structure et son organisation sur celle de l'armée dès lors qu'elle a eu à résoudre des problèmes complexes de développement.

LUC BOYER

17

Ce n'est pas le but qui est intéressant, ce sont les moyens pour y parvenir.

Georges BRAQUE

18

Le marché suppose pour son accomplissement quelque chose d'une paix sociale.

Fernand BRAUDEL

19

Chaque homme a besoin d'esclaves comme d'air pur.

Albert CAMUS

20

Les vrais, les purs bâtisseurs, haïssent la léthargie des forteresses.

René CHAR

21

Il y a des moments dans la vie où il faut être économe de son mépris vu le grand nombre de nécessiteux.

CHATEAUBRIAND

22

Le métier d'un Américain est d'être toujours à craindre que son voisin n'arrive avant lui. Si cent américains étaient au moment d'être fusillés, ils se battraient à qui passerait le premier, tant ils ont pris l'habitude de la concurrence !

Michel CHEVALIER

23

La chance n'existe pas ; ce que vous appelez chance, c'est l'attention aux détails.

Sir Winston CHURCHILL

24

Que craignez-vous de moi puisque je suis l'impossible ?

Paul CLAUDEL

25

La guerre est un acte de violence destiné à contraindre l'adversaire à exécuter notre volonté.

Karl CLAUSEWITZ

26

Tout dans la guerre est simple, mais la chose la plus simple est difficile.

Karl CLAUSEWITZ

27

Toute guerre présuppose la faiblesse humaine, et c'est contre celle-ci qu'elle est dirigée.

Karl CLAUSEWITZ

28

Il vaudrait mieux comparer la guerre, plutôt qu'à un art quelconque, au commerce, qui est aussi un conflit d'intérêts et d'activités humaines.

Karl CLAUSEWITZ

29

La décision par les armes représente pour toute opération de guerre, grande et petite, ce que le paiement en espèces représente dans les transactions financières.

Karl CLAUSEWITZ

30

Il suffit d'ajouter militaire à un mot pour lui faire perdre sa signification. Ainsi, la justice militaire n'est pas la justice, la musique militaire n'est pas la musique.

Georges CLEMENCEAU

31

Il faut d'abord savoir ce que l'on veut,
Il faut ensuite avoir le courage de le dire,
Il faut enfin l'énergie de le faire.

Georges CLEMENCEAU

32

Ce qui m'intéresse, c'est la vie des hommes qui ont échoué car c'est le signe qu'ils ont essayé de se surpasser.

Georges CLEMENCEAU

33

Je ne suis qu'un humble soldat qui passe.

Georges CLEMENCEAU

34

Faire la paix pour nous procurer tous les avantages d'un grand commerce, c'est faire la guerre à nos ennemis.

COLBERT

35

Tout pouvoir est naturellement ennemi des lumières.

CONDORCET

36

Le but unique des nations modernes, c'est le repos, avec le repos, l'aisance, et comme source de l'aisance, l'industrie. La guerre est chaque jour un moyen plus inefficace d'atteindre ce but.

Benjamin CONSTANT

37

Quand on fait trop le grand, on paraît bien petit.

Philippe DESTOUCHES

38

Après huit semaines d'initiation aux rudiments de l'économie politique, ... elle s'en était fait remontrer par un moutard de trois pieds de haut pour avoir fait à la question : « Quel est le premier principe de cette science ? » cette réponse absurde : « De faire aux autres ce que je ne voudrais pas qu'ils fissent envers moi. »

Charles DICKENS

39

An arc'hant a c'hounez an arc'hent (l'argent va à l'argent).

Dicton Breton

40

Combien avaient raison les Anciens qui n'avaient qu'un même dieu pour les marchands et les voleurs.

DUMAS fils

41

Il est plus facile de modifier la composition du plutonium que le mauvais esprit d'un individu.

Albert EINSTEIN

42

Diviser les forces ennemies est bien mais diviser ses propres forces est une lourde faute.

Henri FAYOL

43

Faire la guerre, c'est attaquer ; l'offensive est la forme supérieure de la guerre.

maréchal FOCH

44

Fortement pressé sur ma droite, mon centre commence à céder. Situation excellente. J'attaque.

maréchal FOCH

45

Demander qui devrait être le patron, c'est comme demander qui doit être le saxo dans un quartette : à l'évidence, celui qui sait en jouer.

Henry FORD

46

Le pouvoir, ce n'est pas une institution, et ce n'est pas une structure, ce n'est pas une certaine puissance dont certains seraient dotés : c'est le nom qu'on prête à une situation stratégique complexe dans une société donnée.

Michel FOUCAULT

47

Un clou manquait, et le cheval perdit son fer ; à cause de ce fer manquant, le cheval fut perdu ; n'ayant plus de cheval, le cavalier fut perdu ; capturé et tué par l'ennemi, tout cela à cause d'un clou de fer à cheval.

Benjamin FRANKLIN

48

Insensés que nous sommes, nous voulons tout conquérir, comme si nous avions le temps de tout posséder.

Frédéric II LE GRAND

49

La concurrence est chez nous beaucoup plus qu'une notion technique. C'est le symbole de ce qui est excellent.

John-Kenneth GALBRAITH

50

Être inerte, c'est être battu.

Charles de GAULLE

51

La hauteur nous attire, mais non les degrés qui y mènent ; les yeux fixés sur la lune, nous cheminons volontiers dans la plaine.

GOETHE

52

C'est un grand art que de vendre du vent.

Baltazar GRACIAN

53

On ne possède rien, jamais qu'un peu de temps.

Eugène GUILLEVIC

54

C'est seulement par le risque de sa vie qu'on conserve la liberté, qu'on prouve que l'essence de la conscience de soi n'est pas l'être, n'est pas le mode immédiat dans lequel la conscience de soi surgit d'abord, n'est pas son enfoncement dans l'expansion de la vie.

HEGEL

55

Le combat est père et roi de tout. Les uns, il les produit comme des dieux, et les autres comme des hommes. Il rend les uns esclaves, et les autres libres..

HÉRACLITE

56

Rien n'est permanent, sauf le changement.

HÉRACLITE

57

Nous aurons le temps d'être humains lorsque nous serons vainqueurs.

HÉRAULT DE SÉCHELLES

58

La réputation de posséder un pouvoir est un pouvoir : car on s'attache grâce à elle ceux qui ont un besoin de protection.

Thomas HOBBES

59

Tout homme doit s'efforcer à la paix aussi longtemps qu'il a un espoir de l'obtenir ; et quand il ne peut pas l'obtenir, il lui est loisible de rechercher et d'utiliser tous les secours et tous les avantages de la guerre.

Thomas HOBBES

60

Là où croît le péril, croît aussi ce qui sauve.

HÖLDERLIN

61

Que peu de temps suffit pour changer toute chose.

Victor HUGO

62

Réfléchis longuement avant de te faire applaudir par tes ennemis.

Victor HUGO

63

Ceux qui vivent sont ceux qui luttent.

Victor HUGO

64

Au degré de culture auquel est parvenu le genre humain, la guerre est un moyen indispensable pour la perfectionner encore.

Emmanuel KANT

65

L'homme est un animal qui, du moment où il vit parmi d'autres individus de son espèce, a besoin d'un maître.

Emmanuel KANT

66

Il faut l'avouer : les plus grands maux qui accablent les peuples civilisés sont amenés par la guerre, ..., par les préparatifs incessants et même régulièrement accrus en vue d'une guerre à venir.

Emmanuel KANT

67

Tous les changements arrivent suivant la loi de liaison entre la cause et l'effet.

Emmanuel KANT

68

Plus ça change, plus c'est la même chose.

Alphonse KARR

69

De tous les moyens de faire sa fortune, le plus court et le meilleur est de mettre les gens à voir clairement leurs intérêts à vous faire du bien.

LA BRUYÈRE

70

Voilà bien les hommes ! Tous également scélérats dans leurs projets, ce qu'ils mettent de faiblesse dans l'exécution, ils l'appellent probité.

LACLOS

71

Nous n'écoutons d'instincts que ceux qui sont les nôtres,
Et ne croyons le mal que quand il est venu.
(L'*hirondelle et les petits oiseaux*)

LA FONTAINE

72

La paix est fort bonne en soi,
J'en conviens ; mais de quoi sert-elle,
Avec des ennemis sans foi ?
(Les *loups et les brebis*)

LA FONTAINE

73

Ne nous associons qu'avec nos égaux.
(Le *pot de terre contre le pot de fer*)

LA FONTAINE

74

C'est ainsi que le plus souvent,
Quand on pense sortir d'une mauvaise affaire,
On s'enfonce encore plus avant.
(La *vieille et les deux servantes*)

LA FONTAINE

75

Les gens sans bruit sont dangereux :
Il n'en est pas ainsi des autres.
(*Le torrent et la rivière*)

LA FONTAINE

76

Il faut que tout change pour que tout demeure.

LAMPEDUSA

77

Il n'y a point d'éloge qu'on donne à la prudence. Cependant, elle ne saurait nous assurer du moindre événement.

LA ROCHEFOUCAULD

78

Ce que les hommes ont nommé amitié n'est qu'une société, qu'un ménagement réciproque d'intérêts, et qu'un échange de bons offices : ce n'est enfin qu'un commerce où l'amour-propre se propose toujours quelque chose à gagner.

LA ROCHEFOUCAULD

79

Il est plus honteux de se défier de ses propres amis que d'en être trompé.

LA ROCHEFOUCAULD

80

Dieu… a fait de belles promesses à tous mais il a destiné aux combattants une récompense plus grande qu'à ceux qui restent dans leurs foyers.

Le Coran

81

La mort d'une organisation, c'est quand en bas on n'en veut plus et en haut, on ne peut plus.

Lénine

82

Ne me parlez pas de vos efforts. Parlez moi de vos résultats.

James-Joseph Ling

83

En matière d'administration, toutes les réformes sont odieuses.

Louis XI

84

Efforcez-vous d'entrer par la porte étroite.

Luc, XIII

85

Les hommes ne font le bien que par nécessité. Mais dès qu'ils ont le choix et la liberté de commettre le mal, toute chose se remplit aussitôt de confusion et de désordre.

Nicolas MACHIAVEL

86

Celui qui veut être tout à fait bon avec ceux qui ne le sont point ne peut manquer de périr tôt ou tard.

Nicolas MACHIAVEL

87

Quiconque veut fonder un État, et lui donner des lois, doit supposer d'avance les hommes méchants, et toujours prêts à déployer ce caractère de méchanceté toutes les fois qu'ils en trouveront l'occasion.

Nicolas MACHIAVEL

88

Un prince encore régnant, mais qu'il me convient de ne pas nommer, ne prêche jamais que par la paix et la bonne foi. Mais s'il eût observé l'une et l'autre, il eût perdu plus d'une fois sa réputation et ses états.

Nicolas MACHIAVEL

89

Car la force est juste quand elle est nécessaire.

Nicolas MACHIAVEL

90

Rien ne résiste, rien ne peut résister à la force qui traîne l'homme au combat.

Joseph de MAISTRE

91

La bouse de vache est plus utile que les dogmes ; on peut en faire de l'engrais.

MAO ZEDONG

92

Les vainqueurs prennent immédiatement les vices des vaincus.

Roger MARTIN DU GARD

93

On n'est jamais aussi vainqueur ni aussi vaincu qu'on se l'imagine.

Charles FORBES DE MONTALEMBERT

94

Les conquêtes sont aisées à faire, parce qu'on les fait avec toutes ses forces ; elles sont difficiles à conserver, parce qu'on ne les défend qu'avec une partie de ses forces.

MONTESQUIEU

95

En guerre comme en amour, pour en finir, il faut se voir de près.

Napoléon

96

Je ne suis pas de ceux qui jugent que piétiner, écraser, jouer des coudes et se marcher sur les pieds, comme on a coutume de le faire dans l'actuel système de vie sociale, représente l'état le plus souhaitable de l'espèce humaine.

John-Stuart Mill

97

Un état de civilisation où toute l'existence d'un sexe est consacrée à la chasse au dollar et celle de l'autre à l'enfantement de chasseurs de dollars.

John-Stuart Mill

98

Ce n'est pas bien procédé d'avantage de reconnaître seulement le flanc et le fossé : pour juger de la sûreté d'une place, il faut voir par où on peut y venir, en quel état est l'assaillant.

Michel de Montaigne

99

Les hommes peuvent faire des injustices, parce qu'ils ont intérêt de les commettre, et qu'ils préfèrent leur propre satisfaction à celle des autres.

Montesquieu

100

La première chose et la plus nécessaire au bonheur est de ne jamais faire de dettes ; la deuxième est de ne dépenser que les deux tiers de son revenu. Il faut proportionner ses goûts à sa fortune et aimer avoir des domestiques bien payés.

NAPOLÉON

101

Je n'avais pas la folie de vouloir tordre les événements à mon système, mais, au contraire, je pliais mon système à la contexture imprévue des événements.

NAPOLÉON

102

La guerre est un art simple et tout d'exécution.

NAPOLÉON

103

Vivre, c'est essentiellement dépouiller, blesser, violenter le faible et l'étranger, l'opprimer, lui imposer durablement ses formes propres, l'assimiler ou, tout au moins (c'est la solution la plus douce) l'exploiter.

Friedrich NIETZSCHE

104

C'est une vaine idée d'utopistes et de belles âmes que d'attendre beaucoup encore… de l'humanité, quand elle aura désappris de faire la guerre.

Friedrich NIETZSCHE

105

La nature elle-même, selon moi, nous prouve qu'en
bonne justice, celui qui vaut plus doit l'emporter sur
celui qui vaut moins, le capable sur l'incapable.

PLATON

106

Tous les hommes se haïssent naturellement l'un
l'autre. On s'est servi comme a pu de la concupiscence pour la faire servir au bien public ; mais ce
n'est que feindre, et une fausse image de la charité ;
car au fond ce n'est que haine.

Blaise PASCAL

107

L'empire fondé sur l'opinion et l'imagination règne
quelque temps, et cet empire est doux et volontaire ;
celui de la force règne toujours. Ainsi, l'opinion est
comme la reine du monde, mais la force en est le
tyran.

Blaise PASCAL

108

Un bon général doit non seulement connaître le
moyen de vaincre, mais aussi savoir quand la victoire
est impossible.

POLYBE

109

Rappelez-vous Hitler. Un leader peut être dès l'origine un mégalomane ou un fou, ou, s'il ne l'est, il peut le devenir.

Karl POPPER

110

Tous les blancs ont une montre mais ils n'ont jamais le temps.

Proverbe africain

111

Le poisson, pris dans la nasse, commence à réfléchir.

Proverbe chinois

112

Paix trompeuse nuit plus que guerre ouverte.

Proverbe indien

113

L'homme d'État regrette les hommes destinés à la guerre comme un propriétaire regrette la terre employée à former le fossé qui est nécessaire pour conserver le champ.

François QUESNAY

114

Vous voulez sans pitié détruire cette terre,
Détruire cet empire afin de le gagner ?
Est-ce donc sur des morts que vous voulez régner ?

Jean RACINE

115

Être libre, c'est dominer.

Pierre REVERDY

116

Le drapeau va au paysage immonde, et notre patois étouffe le tambour. Au centre, nous alimenterons la plus cynique prostitution, nous massacrerons les révoltes logiques. Aux pays poivrés et détrempés, au service des plus monstrueuses exploitations industrielles et financières.

Arthur RIMBAUD

117

La croissance d'une grande entreprise est simplement un exemple de la survivance du plus apte. La rose de beauté américaine ne peut avoir toute la splendeur et tout le parfum qui réjouissent le spectateur que si l'on sacrifie les premiers boutons qui l'entourent. C'est simplement une conséquence d'une loi naturelle et d'une loi divine.

ROCKEFELLER

118

Pénurie d'essence ! Il y a de quoi pleurer.

maréchal ROMMEL

119

Toute la moralité de nos actions est dans le jugement que nous en portons nous-mêmes.

Jean-Jacques ROUSSEAU

120

Les sociétés ont pris leur dernière forme : on n'y change rien qu'avec du canon et des écus.

Jean-Jacques ROUSSEAU

121

Il vaut mieux suivre le bon chemin en boitant que le mauvais d'un pas ferme.

SAINT-AUGUSTIN

122

Vous déciderez si le peuple français doit être commerçant ou conquérant.

SAINT-JUST

123

Si la trompette ne rend qu'un son confus, qui se préparera au combat ?

SAINT-PAUL

124

Au football, tout est compliqué par la présence de l'équipe adverse.

Jean-Paul SARTRE

125

Il est plus difficile de faire vivre quatre à cinq cents hommes que de les faire tuer.

Jean-Baptiste SAY

126

La perfection stratégique serait de parvenir à une issue décisive sans livrer de combats sérieux.

maréchal de SAXE

127

Audaces fortuna juvat.
La fortune favorise les audacieux.

SÉNÈQUE

128

Vetus proverbium est gladatorem in harena capere consilium.
C'est un vieux proverbe, qui dit que le gladiateur prend conseil une fois dans l'arène.

SÉNÈQUE

129

Leve aes alienum debitori facit , grave inimicum.
Une obligation légère fait d'autrui un débiteur, une lourde, un ennemi.

SÉNÈQUE

130

Duas personas habet gobernator : alteram comunem cum omnibus qui eadem, conscenderunt navem, quaque vector est ; alteram propriam, gobernator est. Tempestas tamquam vectori nocet, non tanquam gobernator.
Le capitaine tient deux rôles : l'un est commun à ceux qui sont sur le bateau, celui de passager, l'autre qui lui appartient, celui de capitaine. Les tempêtes le touchent en tant que passager, non en tant que capitaine.

SÉNÈQUE

131

Il est rare que les gens du même métier se réunissent, serait-ce pour quelque partie de plaisir ou pour se distraire, sans que les conversations finissent par quelque conspiration contre le public, ou quelque machination pour faire hausser les prix.

Adam SMITH

132

En tant que les hommes sont en proie à la colère, à l'envie, ou à quelque sentiment de haine, ils sont entraînés à l'opposé les uns des autres.

SPINOZA

133

À quoi servent la bravoure sans la prudence, la valeur sans la ruse ?

Sun-Tzu

134

Les petites nations sont souvent misérables, non point parce qu'elles sont petites, mais parce qu'elles sont faibles ; les grandes prospèrent, non point parce qu'elles sont grandes, mais parce qu'elles sont fortes.

Alexis de Tocqueville

135

Le moment le plus dangereux, pour un mauvais gouvernement, est d'ordinaire celui où il commence à se réformer.

Alexis de Tocqueville

136

Que ferons-nous pour être sauvés ? En politique, établir un système constitutionnel coopératif de gouvernement. En économie, trouver des compromis entre la libre entreprise et le socialisme.

Arnold Toynbee

137

Pour commander les hommes, marche derrière eux.

Lao Tzu

138

La tactique ruine la stratégie ; la bataille d'ensemble gagnée sur la carte est perdue en détail sur les coteaux.

Paul VALÉRY

139

Qui ne peut attaquer le raisonnement attaque le raisonneur.

Paul VALÉRY

140

Oh, c'est très désagréable, écoutez, rien ne désorganise une armée comme la guerre.

Boris VIAN

141

Le maréchal de Villars dit un jour au roi devant toute la cour, lorsqu'il prenait congé pour aller commander l'armée : « Sire, je vais combattre les ennemis de votre Majesté, et je vous laisse au milieu des miens. »

VOLTAIRE

142

Il n'est point de grand conquérant qui ne soit grand politique. Un conquérant est un homme dont le tête se sert, avec une habileté heureuse, du bras d'autrui.

VOLTAIRE

Alors, ... au sommet, apparut l'exploitation de la femme. Tout y aboutissait, le capital sans cesse renouvelé, le système de l'entassement des marchandises, le bon marché qui attire, la marque en chiffres connus qui tranquillise.

Émile ZOLA

4

S'INTÉGRER DANS LA SOCIÉTÉ

S'INTÉGRER DANS LA SOCIÉTÉ : QUELLE LÉGITIMITÉ ?

« Il n'y a pas d'ordre sans justice. » Albert Camus.

On définit généralement la stratégie comme l'ensemble des choix et des décisions en fonction de l'environnement. Celui-ci peut être entendu de façon restrictive, comme constitué avant tout des concurrents directs. On l'a ensuite étendu aux concurrents indirects (fournissant des produits substituables) et potentiels (susceptibles d'entrer en concurrence). Puis on l'a étendu aux partenaires en affaires, à savoir les fournisseurs et les clients au sens large.

Mais, de nos jours, on va beaucoup plus loin : les auteurs et les acteurs en stratégie l'envisagent comme baignant dans un contexte social, qui fixe des cadres et des objectifs. Cela peut être entendu sous différents angles.

L'angle d'attaque le plus simple réside dans la prise en compte de tous les acteurs qui sont directement parties prenantes dans la stratégie de l'entreprise : Tony Blair parle d'une « *stakeholder society* », qu'il oppose à la « *shareholder society* », laquelle ne prendrait en compte que les seuls intérêts des propriétaires et prêteurs.

On attribue alors à l'entreprise d'autres missions que la seule création de valeur pour les actionnaires, générée par le profit. Ces autres missions sont censées accroître la légitimité de l'entreprise, considérée comme institution sociale, et devant jouer un rôle dans la société : ainsi, la préservation des emplois et des revenus salariaux, l'intérêt des partenaires, fournisseurs et distributeurs, le bien-être des consommateurs, et, plus largement, du public, voire de la Planète (couche d'ozone, OGM, etc.).

Le terrain est alors celui des valeurs dominantes dans la société, ce qui pose différents types de problèmes.

Le premier concerne la question des mœurs : quelle valeur la société étudiée attribue-t-elle à l'argent, au profit, aux affaires, mais, à un niveau supérieur, à l'individualisme, à la recherche du luxe et bien-être matériel, opposé généralement à l'accomplissement spirituel ? Les moralistes tendent à privilégier la « frugalité », le dédain du luxe comme fondement démocratique, voire de réalisation personnelle, alors que d'autres philosophes voient dans l'appétit de richesses matérielles une condition du progrès social autant qu'individuel. On retrouve le vieux débat entre l'hédonisme et le stoïcisme. Or, il est patent que la société contemporaine, dite « postmoderne », hésite, face à un « individualisme de masse », entre ces deux conceptions du bonheur.

Cette ambivalence va transparaître dans l'éthique personnelle des dirigeants, c'est-à-dire dans leur jugement quant à ce qu'ils estiment être des règles ou des critères de « bonne conduite ». L'anomie ambiante délivre des messages peu clairs : il faut alors prendre en compte les valeurs qui, dans une société donnée, sont considérées comme porteuses de légitimité. Nombre de citations évoquent ce débat.

La société nord-américaine, et, plus largement, anglo-saxonne génère des jugements fort contrastés. Elle est portée aux nues pour son esprit d'entreprise, l'ardeur au travail, le goût de la compétition, sa recherche de performance, et, en conséquence, présentée comme le parangon de la démocratie moderne. D'autres la vouent aux gémonies, pour son utilitarisme extrême, son individualisme, son pragmatisme (considérés alors de façon négative), son absence de culture, et en font un parangon d'une nouvelle barbarie. Les nouvelles valeurs postmodernes, en y incluant le poids des images et de la communication, sont jugées à l'aune des supposées valeurs nord-américaines.

Dans ce type de société, les valeurs propres à l'entreprise sont hautement légitimées, comme symboles de réussite sociale et d'accomplissement personnel. En conséquence, elles orientent largement les choix stratégiques – notamment la définition des buts et des objectifs.

Si nous prenons maintenant les valeurs dominantes dans la société française, force est de constater de profondes différences. Maints auteurs soulignent le goût hexagonal pour les distinctions, les « honneurs », qui sont le plus souvent rattachés à la fonction publique, au service de l'État. La réussite passe par les diplômes et les concours. Cette source de légitimité a de profondes conséquences sur l'attitude à l'égard de l'initiative individuelle : de façon générale, l'esprit d'entreprise reste peu légitimé. Dans la hiérarchie sociale, le chef d'entreprise, le cadre restent en deçà de la haute fonction publique, voire des activités créatrices (artistes, vedettes) ou bénévoles, comme le montrent les enquêtes de popularité.

Il en résulte que, dans ses choix stratégiques affichés, le dirigeant d'entreprise français se doit d'inclure des préoccupations d'ordre moral ou social, voire affectives. Il manifeste également une forte propension à se « notabiliser » en s'impliquant dans d'autres sphères : la politique, le spectacle, le bénévolat, comme pour se faire pardonner « l'esprit de lucre ». Tant les romans que l'actualité la plus quotidienne traduisent ce dédoublement de personnalité.

Cette hiérarchie des valeurs se traduit autant par une bureaucratisation forte, étouffant l'initiative personnelle, que par une aversion à l'égard du risque et de l'échec, et ce, contrairement à bien d'autres types de société, qui accordent à l'échec ou à l'erreur des vertus pédagogiques.

Bien entendu, toutes ces assertions, présentées comme des aphorismes ou des notations péremptoires, méritent de sérieuses nuances. Elles révèlent néanmoins de grandes divergences de valeurs, qui expliquent bien des incompréhensions . Elles sont notamment au cœur des problèmes rencontrés par les stratégies de globalisation, dans la mesure où l'on est encore bien loin d'une « fin de l'histoire » annoncée par d'aucuns, puisqu'elle signifierait, au sens de Hegel, le libre accomplissement du bonheur, la fin de la servitude pour chaque individu !

Mots-clés

Amérique (éducation, commerce)
Argent (biens, finance, pouvoir)
Civilisation (valeurs, idées, rites, Occident)
Comportement (attachement)
Concours (échec, classement)
Dialogue
Grandeur(s) (gloire, honneurs, distinctions)
Enrichissement (luxe)
Esclavage
Histoire
Honneur
Image (communication, spectacle, personnage)
Initiative (épanouissement, indépendance, dépendance,
    ambition.)
Justice
Morale (bien, reconnaissance, tempérance, frugalité)
Ordre
Progrès
Réputation
Riche (puissant, bourgeois, grand seigneur, financier)
Société (État, propriété, conventions, coutume, bien
    commun)
Travail

1

La morale consiste à se savoir esprit et, à ce titre, obligé absolument, car noblesse oblige. Il n'y a rien d'autre dans la morale que le sentiment de la dignité.

ALAIN

2

Tout pouvoir sans contrôle rend fou.

ALAIN

3

Le travail impossible de séparer l'idée est un travail contre la nature. L'idée n'existe pas, ce qui existe c'est l'individu.

ALAIN

4

« Chexpire »…Quel vilain nom ! On croirait entendre mourir un Auvergnat.

Alphonse ALLAIS

5

Quand on ne travaillera plus le lendemain des jours de repos, la fatigue sera vaincue.

Alphonse ALLAIS

6

L'argent, tout compte fait, aide à supporter la pauvreté.

Alphonse ALLAIS

7

Ce qu'il y a de fâcheux dans les théories modernes du comportement, ce n'est pas qu'elles soient fausses, c'est qu'elles pourraient devenir vraies.

Hannah ARENDT

8

Le caractère d'un riche est celui d'un insensé favorisé des dieux.

ARISTOTE

9

Et à quoi sert le pouvoir, à quoi sert la joie. À quoi sert la vie ?

BHAGAVAD-GITA

10

Il montrait gratis une des nombreuses créatures du fatal et funeste système nommé concours qui règne encore en France après cent ans de pratique sans résultat... Or, tâchez de compter sur vos doigts les gens de génie fournis depuis un siècle par les lauréats ?

Honoré de BALZAC

11

À toute heure, l'homme d'argent pèse les vivants, l'homme des contrats pèse les morts, l'homme de loi pèse la conscience.

Honoré de BALZAC

12

La prospérité porte avec elle une ivresse à laquelle les hommes inférieurs ne résistent jamais.

Honoré de BALZAC

13

Que je sache, Beethoven écrivait pour de l'argent, et de lui jusqu'à la maison de disques et au pianiste qui est en train de jouer pour vous, ce que vous avez acheté a été construit par des gens qui voulaient des tas de choses, mais entre autres, une : de l'argent.

Alessandro BARICCO

14

Il faut travailler, sinon par goût, au moins par désespoir, puisque, tout bien vérifié, travailler est moins ennuyeux que s'amuser.

Charles BAUDELAIRE

15

Qu'avez-vous fait pour tant de biens ? Vous vous êtes donné la peine de naître, et rien de plus.

BEAUMARCHAIS

16

Un résumé de sa thèse était que, si on pouvait acquérir une excellente formation technique aux États-Unis, la formation générale s'était réduite au point de disparaître.

Saul BELLOW

17

Les vrais ennemis de la société ne sont pas ceux qu'elle exploite ou tyrannise, ce sont ceux qu'elle humilie. Voilà pourquoi les partis de révolution comptent un si grand nombre de bacheliers sans emploi.

Georges BERNANOS

18

Qu'est-ce que cela fait ? Tout est grâce.

Georges BERNANOS

19

Tu ne muselleras pas le bœuf qui foule le grain ; l'ouvrier a droit à son salaire.

La Bible

20

(L'égalité) n'existera que lorsque chacun produira selon ses forces et consommera selon ses besoins.

Louis BLANC

21

Le capital est du travail volé.

Louis-Auguste BLANQUI

22

L'incompréhension du présent naît fatalement de l'ignorance du passé.

Marc BLOCH

23

Tout l'éclat des grandeurs n'a point de lustre pour les gens qui sont dans la recherche de l'esprit.

Pierre BOURDIEU

24

On s'attache à ses salariés et à ses cadres. Soit on les hait, soit on les subit, soit on les adore, mais on ne peut pas rester insensible.

Gérard BOURGOIN

25

L'histoire est écrite par les vainqueurs.

Robert BRASILLACH

26

La bouffe, puis la morale.

Bertolt BRECHT

27

Il viendra un jour où les images remplaceront l'homme et celui-ci n'aura plus besoin d'être, mais de regarder. Nous ne serons plus des vivants, mais des voyants.

André BRETON

28

La pensée du profit obscurcit nos émotions.

Louis CALAFERTE

29

Toutes les morales sont fondées sur l'idée qu'un acte
a des conséquences qui le légitiment ou l'oblitèrent.

Albert CAMUS

30

Il n'y a pas d'ordre sans justice.

Albert CAMUS

31

Nous sommes lucides. Nous avons remplacé le dialogue par le communiqué.

Albert CAMUS

32

Il n'est pas de punition plus terrible que le travail
inutile et sans espoir.

Albert CAMUS

33

La règle est la suivante : confiture demain et confiture hier…mais jamais de confiture aujourd'hui.

Lewis CARROLL

34

Faire confiance aux hommes c'est déjà se faire tuer
un peu.

Louis-Ferdinand CÉLINE

35

Je vous le dis, petits bonshommes, couillons de la vie, battus, rançonnés, transpirants de toujours, je vous préviens, quand les grands de ce monde se mettent à vous aimer, c'est qu'ils vont vous tourner en saucissons de bataille…

Louis-Ferdinand CÉLINE

36

C'est la liberté, c'est la gloire, c'est la religion qui arment les hommes ; les bras ne servent que les intelligences.

René de CHATEAUBRIAND

37

Les gamins de Paris ont de passagères étincelles de grandeur d'âme et de chevalerie que l'ouvrier américain n'égale assurément point.

Michel CHEVALIER

38

Les États-Unis ne sont pas une seconde édition de la république romaine ou grecque ; c'est une colossale maison de commerce.

Michel CHEVALIER

39

Je ne prétends pas que les Américains aient raison de ne jamais recourir à la préparation théorique spéciale, pour laquelle nous avons fondé en France de grandes et belles écoles.

Michel CHEVALIER

40

Il est plus laborieux de conduire les hommes par la persuasion que par le fer.

Paul CLAUDEL

41

Quand j'étais petit, à la maison, le plus dur, c'était les fins de mois… surtout les trente derniers jours.

COLUCHE

42

Une société n'est pas plus décomposable en individus qu'une surface géométrique ne l'est en lignes ou une ligne en points.

Auguste COMTE

43

Toutes les nations doivent-elles se rapprocher de l'état de civilisation où sont parvenus les peuples les plus éclairés, les plus libres, les plus affranchis de préjugés, tels que les Français et les Anglo-Américains ?

CONDORCET

44

Le vrai sportif est celui pour lequel le spectateur n'existe qu'à l'état de contingence.

Pierre de COUBERTIN

45

Donner avec ostentation, ce n'est pas très joli ; mais ne rien donner avec discrétion, ça ne vaut guère mieux.

Pierre DAC

46

Certaines gens donnent leur parole et ne la tiennent pas. Comment la tiendraient-ils puisqu'ils l'ont donnée ?

Pierre DAC

47

On travaille pour produire, mais surtout pour donner un sens au temps.

Eugène DELACROIX

48

J'ai beau chercher la vérité dans les masses, je ne la rencontre (…) que dans les individus.

Eugène DELACROIX

49

Ce que j'appelle du nom de gloire est une espèce de joie fondée sur l'amour qu'on a pour soi-même et qui vient de l'opinion ou de l'espérance qu'on a d'être loué par quelques autres.

René DESCARTES

50

On fait tout avec de l'argent, excepté des hommes.

Auguste DETŒUF

51

Il y a plein de managers qui ont pris leur retraite au travail.

Peter DRUCKER

52

« Plus c'est gros, mieux c'est. » s'est révélé n'être qu'un des mythes du XXe siècle.

Peter DRUCKER

53

On discute la vertu, la beauté, le courage, le génie ; on ne discute jamais l'argent.

Alexandre DUMAS fils

54

Les affaires c'est bien simple, c'est l'argent des autres.

Alexandre DUMAS fils

55

Il n'y a rien de bon pour l'homme que de se réjouir de ses œuvres.

La Bible

56

On transforme sa main en la mettant dans une autre.

Paul ÉLUARD

57

La patrie d'un cochon se trouve partout où il y a un gland.

FÉNELON

58

Son intelligence n'était pas assez haute pour atteindre jusqu'à l'art, ni assez bourgeoise non plus pour viser exclusivement au profit, si bien que, sans contenter personne, il se ruinait.

Gustave FLAUBERT

59

Ce n'est pas l'employeur qui paie les salaires, c'est le client.

Henry FORD

60

Nous avons passé des siècles à ergoter sur les droits de l'homme sans songer à reconnaître le plus essentiel, celui du travail, sans lequel tous les autres ne sont rien.

Charles FOURIER

61

Ils voulaient des bras et ils eurent des hommes.

Max FRISCH

62

Le travail donne à l'homme sa dignité.

GANDHI

63

Il restera – il reste – aux uns et aux autres à trouver un sens à leur travail, d'où l'initiative personnelle est de plus en plus absente ; aux autres à découvrir un dépassement de soi dans leur passion d'entreprendre et leur soif de pouvoir.

Pierre GASCAR

64

La justice sociale se fonde sur l'espoir, sur l'exaltation d'un pays, non sur les pantoufles.

Charles de GAULLE

65

Plus le travail devient mécanique, moins il a de valeur et plus l'homme doit travailler de cette façon.

HEGEL

66

Si la connaissance de plus en plus compréhensive de l'univers est incontestablement un bien, pourquoi va-t-elle de pair avec l'effondrement de toutes les autres valeurs ?

Michel HENRY

67

La récompense, c'est ce qui nous rend bons ou mauvais.

Robert HERRICK

68

Une mauvaise réputation est un fardeau, léger à soulever, lourd à porter, difficile à déposer.

HÉSIODE

69

L'Italie était l'art, la foi, le cœur, le feu,
L'Amérique est sans âme. Ouvrière glacée,
Elle a l'homme pour but. L'Italie avait Dieu.

Victor HUGO

70

« Vendre de l'air, négocier avec de l'air. » dit l'oracle manuel… Car la faveur est aérienne, comme le vent qui fait vibrer, selon Pascal, les tuyaux des orgues humaines.

Vladimir JANKÉLÉVITCH

71

Le courage c'est d'être tout ensemble, et quel que soit le métier, un praticien et un philosophe.

Jean JAURÈS

72

La justice est la liberté en action.

JOUBERT

73

Que ferais-je à Rome ? Je ne sais pas mentir.

JUVÉNAL

74

Le travail est l'activité vitale propre au travailleur, l'expression personnelle de sa vie.

KANT

75

Si l'on veut gagner sa vie, il suffit de travailler.
Si l'on veut devenir riche, il faut trouver autre chose.

Alphonse KARR

76

Il semble que le héros est d'un seul métier, qui est celui de la guerre, et que le grand homme est de tous les métiers, ou de la robe, ou de l'épée, ou du cabinet, ou de la cour : l'un et l'autre mis ensemble ne valent pas un homme de bien.

LA BRUYÈRE

77

Entre le fort et le faible, entre le riche et le pauvre, entre le maître et le serviteur, c'est la liberté qui opprime et la loi qui affranchit.

LACORDAIRE

78

La reconnaissance de la plupart des hommes n'est qu'une secrète envie de recevoir de plus grands bienfaits.

LA ROCHEFOUCAULD

79

L'amour de la justice n'est en la plupart des hommes que la crainte de souffrir l'injustice.

LA ROCHEFOUCAULD

80

Hélas ! on voit que de tout temps,
Les petits ont pâti des sottises des grands.
(*Les deux taureaux et une grenouille*)

LA FONTAINE

81

Nous faisons cas du beau, nous méprisons l'utile ;
Et le beau souvent nous détruit.
(*Le cerf se voyant dans l'eau*)

LA FONTAINE

82

Notre ennemi, c'est notre maître :
Je vous le dis en bon français.
(*Le vieillard et l'âne*)

LA FONTAINE

83

D'un magistrat ignorant,
C'est la robe qu'on salue.
(*L'âne portant des reliques*)

LA FONTAINE

84

L'enseigne fait la chalandise.
(*Les devineresses*)

LA FONTAINE

85

L'argent, qui possède la qualité de pouvoir tout acheter et de s'approprier tous les objets, est par conséquent l'objet dont la possession est la plus éminente de toutes.

Karl MARX

86

Moins vous mangez, buvez, achetez des livres, allez au théâtre, allez au café, pensez, aimez, théorisez, chantez, peignez, faites du sport, etc. plus vous économisez et plus votre capital grandit…Moins vous ÊTES, plus vous AVEZ …Ainsi toutes les passions et toutes les activités sont englouties dans la cupidité.

Karl MARX

87

Le dialogue paraît en lui-même constituer une renonciation à l'agressivité.

Jacques LACAN

88

Ce n'est pas le titre qui honore l'homme, mais l'homme qui honore le titre.

MACHIAVEL

89

L'homme est ce qu'il fait.

André MALRAUX

90

Il est des idées dont la rencontre est aussi présente que celle des êtres.

André MALRAUX

91

Chercher à s'exprimer et à s'épanouir devient une motivation dominante qui a gagné la majorité des Français et a refoulé les anciennes valeurs fondamentales.

Henri MENDRAS

92

Le code américain, ouvrage de la sagesse et de la raison européennes, reviendra au lieu où il est né, et récompensera les descendants de ceux qui ont calculé ces lois humaines.

Sébastien MERCIER

93

Sire, si l'on voit où les bonnes têtes ont mené la France, il ne serait pas inutile d'essayer les mauvaises.

MIRABEAU

94

Je ne connais que trois manières d'exister dans la société : il faut être mendiant, voleur ou salarié.

MIRABEAU

95

Ô la vilaine et sotte étude d'étudier son argent, se plaire à le manier, peser et recompter. C'est par là que l'avarice fait ses approches.

MONTAIGNE

96

De cette passion générale que la nation française a pour la gloire, il s'est formé dans l'esprit des particuliers un certain je ne sais quoi qu'on appelle point d'honneur ; c'est proprement le caractère de chaque profession.

MONTESQUIEU

97

Cette ardeur pour le travail, cette passion de s'enrichir, passe de condition en condition, depuis les artisans jusqu'au plus grand... Vous voyez à Paris un homme qui a de quoi vivre jusqu'au jour du jugement, qui travaille sans cesse et court le risque d'accourcir (*sic*) ses jours, pour amasser, dit-il, de quoi vivre.

MONTESQUIEU

98

L'amour de la république dans une démocratie est celui de la démocratie ; l'amour de la démocratie est celui de l'égalité ; l'amour de la démocratie est encore celui de la frugalité.

MONTESQUIEU

99

Il y a de mauvais exemples qui sont pires que les crimes ; et plus d'États ont péri parce qu'on a violé les mœurs que parce qu'on a violé les lois.

MONTESQUIEU

100

Le peuple français a deux passions également puissantes qui paraissent opposées et qui cependant dérivent du même sentiment, c'est l'amour de l'égalité et l'amour des distinctions.

Napoléon

101

On devient l'homme de son uniforme.

Napoléon

102

Surtout n'ayez pas peur du peuple, il est plus conservateur que vous !

Napoléon III

103

Une société où l'on travaille sans cesse durement jouira d'une plus grande sécurité ; et c'est la sécurité que l'on adore maintenant comme divinité suprême.

Friedrich Nietzsche

104

Deviens ce que tu es.

Friedrich Nietzsche

105

On paie mal un maître en ne restant toujours que l'élève.

Friedrich Nietzsche

106

Description de l'homme : dépendance, désir d'indépendance, besoin.

Blaise PASCAL

107

La science des choses extérieures ne me consolera pas de l'ignorance de la morale, en temps d'affliction ; mais la science des mœurs me consolera toujours de l'ignorance des sciences extérieures.

Blaise PASCAL

108

Les hommes n'ayant pu guérir la mort, la misère, l'ignorance, ils se sont avisés, pour se rendre heureux de n'y point penser.

Blaise PASCAL

109

Montaigne a tort : la coutume ne doit être suivie que parce qu'elle est coutume, et non parce qu'elle soit raisonnable ou juste ; mais le peuple la suit par cette seule raison qu'il la croit juste.

Blaise PASCAL

110

La grandeur des actions humaines se mesure à l'inspiration qui les fait naître.

PASTEUR

111

Toute culture naît du mélange, de la rencontre, des chocs. À l'inverse, c'est de l'isolement que meurent les civilisations.

Octavio PAZ

112

Mais toi tu veux savoir sans doute le nom de l'orateur et son pays d'origine et tu ne te contentes pas de savoir si ce qu'il dit est vrai ou faux.

PLATON

113

La culture nippone accorde traditionnellement plus de mérite à l'effort qu'au succès, et elle confère une dignité à l'échec, élevée parfois au rang d'une esthétique.

Philippe PONS

114

La propriété est le droit de jouir et de disposer à son gré du fruit de l'industrie et du travail d'autrui.

Pierre-Joseph PROUDHON

115

Rendre l'ouvrier copropriétaire de l'engin industriel et participant aux bénéfices au lieu de l'y enchaîner comme un esclave, qui oserait dire que telle ne soit pas la tendance du siècle ?

Pierre-Joseph PROUDHON

116

Klask out at marc'h heg an arc'hant (vouloir le cheval et l'argent du cheval).

Proverbe breton

117

Plus le tambour est creux, plus il fait de bruit.

Proverbe chinois

118

Lorsque les hommes travaillent ensemble, les montagnes se changent en or.

Proverbe chinois

119

Le consensus universel : l'accord des on.

Raymond QUENEAU

120

On guérit de tous les maux, excepté de l'abdication de soi-même. Les individualités une fois détruites par l'État ne se reconstituent pas ; car les libertés que l'État a englouties, l'État ne les rend jamais.

Ernest RENAN

121

Être classé, même dernier, mais l'être, ce besoin fait chérir à l'homme n'importe quelle classification.

Jean-François REVEL

122

Être très actif n'empêche pas de se conduire en oisif, et il existe chez tout homme une activité qui le porte... à jouer un personnage.

Jean-François REVEL

123

En Europe, un laboureur, un artisan, est un animal dressé pour les plaisirs d'un noble ; en France, les nobles cherchent à se transformer en laboureurs et en artisans et ne peuvent même pas obtenir cet honneur.

Maximilien de ROBESPIERRE

124

Pour le biologiste il n'y a pas de classes, il n'y a que des individus.

Jean ROSTAND

125

Il est certain que le droit de propriété est le plus sacré de tous les droits des citoyens, et plus important à certains égards que la liberté même.

Jean-Jacques ROUSSEAU

126

Pour le poète, c'est l'or et l'argent, mais pour le philosophe ce sont le fer et le blé qui ont civilisé les hommes, et perdu le genre humain.

Jean-Jacques ROUSSEAU

127

L'ordre social est un droit sacré, qui sert à de base à tous les autres ; cependant, ce droit ne vient pas de la nature ; il est donc fondé sur des conventions.

Jean-Jacques ROUSSEAU

128

Riche ou pauvre, puissant ou faible, tout citoyen oisif est un fripon.

Jean-Jacques ROUSSEAU

129

Aimer les hommes, exterminer l'erreur.

SAINT-AUGUSTIN

130

Les rites sont dans le temps, et la demeure est dans l'espace.

Antoine de SAINT-EXUPÉRY

131

La grandeur d'un métier est peut-être avant tout d'unir les hommes : il n'est qu'un luxe véritable et c'est celui des relations humaines.

Antoine de SAINT-EXUPÉRY

132

Tout le monde veut gouverner, personne ne veut être citoyen. Où est donc la cité ?

Louis-Antoine SAINT-JUST

133

Veritas est adequatio rei et intellectus.
La vérité est l'accord entre l'intelligence et les choses.

SAINT-THOMAS-D'AQUIN

134

On n'a servi à rien tant qu'on n'a pas apporté quelque chose dans la vie des gens.

SCHUMPETER

135

Nihil habent ista magnificum quo mentes in se nostras trahant, praeter hocquod mirari illa consuerimus.
Les choses ont en elles-mêmes rien d'admirable, sauf l'habitude que nous avons de les admirer.

SÉNÈQUE

136

Necesseria metitur utilitas : supervacua quo redigis ?
L'utilité mesure ce qui est nécessaire : comment évalues-tu ce qui est superflu ?

SÉNÈQUE

137

Nullius boni sine socio iucunda possessio est.
Posséder un bien sans ami n'est nullement agréable.

SÉNÈQUE

138

Qui imperia libens excipit partem acerbissimam servitudis effigit : facere quod nolit.

Celui qui exécute les ordres de bonne grâce échappe au côté désagréable de la servitude : faire ce qui nous rebute.

Sénèque

139

Est bien payé qui est bien satisfait.

Shakespeare

140

Je veux m'entourer d'hommes gras…Cassius là-bas a un air maigre et affamé ; il pense trop ; ces hommes sont dangereux…

Shakespeare

141

L'esclavage humain a atteint son point culminant à notre époque sous forme de travail librement salarié.

George-Bernard Shaw

142

L'Américain a un respect sincère de ce qui s'enseigne, il croit à l'éducation, mais il veut qu'elle soit pratique : il la considère moins comme l'acquisition d'une culture que comme un ensemble de recettes.

André Siegfried

143

Je n'ai jamais vu que ceux qui aspiraient dans leurs entreprises à travailler pour le bien commun aient fait beaucoup de bonnes choses.

Adam Smith

144

Les cathédrales, les horloges, le crédit, le contre-point, le calcul infinétisimal, la comptabilité en partie double et la perspective en peinture illustrent la qualité commune – la tension vers l'infini – qui caractérise la culture occidentale prise dans son ensemble.

Oswald Spengler

145

C'est aux esclaves, non aux hommes libres, que l'on fait un cadeau pour les récompenser de s'être bien conduits.

Spinoza

146

Ce qui est à moi est à moi, ce qui est à vous est négociable.

Staline

147

À la fin, il n'y a que la mort qui gagne.

Staline

148

La moralité américaine me semble d'une abominable vulgarité, et, en lisant les ouvrages de leurs hommes distingués, je n'éprouve qu'un désir, c'est de ne jamais les rencontrer.

STENDHAL

STENDHAL

149

Là où ils font un désert, ils disent qu'ils apportent la paix.

TACITE

150

Le travail est le vrai fondement de la propriété.

Adolphe THIERS

151

Non seulement on voit aux États-Unis, comme dans tous les autres pays, des classes industrielles et commerçantes, mais, ce qui ne s'était jamais rencontré, tous les hommes s'y occupent à la fois d'industrie et de commerce.

Alexis de TOCQUEVILLE

152

Je vois une foule innombrable d'hommes semblables et égaux, qui tournent sans repos sur eux-mêmes pour se procurer de petits et vulgaires plaisirs, dont ils emplissent leur âme… Au-dessus de ceux-là, s'élève un pouvoir immense et tutélaire, qui se charge seul d'assurer leurs jouissances et de veiller sur leur sort. Il est absolu, détaillé, prévoyant et doux.

Alexis de TOCQUEVILLE

153

Les hommes qui vivent dans les pays démocratiques ne savent guère la langue qu'on parlait à Rome et à Athènes. Mais il arrive quelquefois que ce sont les plus ignorants d'entre eux qui en font le meilleur usage.

Alexis de TOCQUEVILLE

154

Avoir peu de parents, moins de train que de rente
… À rien d'ambitieux ne mettre son attente.

Nicolas VAUQUELIN

155

Le commerce, qui a enrichi les citoyens en Angleterre, a contribué à les rendre libres, et cette liberté a étendu le commerce à son tour.

VOLTAIRE

156

En France... le négociant entend lui-même parler si souvent avec dédain de sa profession qu'il est assez sot pour en rougir.

VOLTAIRE

157

On a déclamé contre le luxe depuis deux mille ans, en vers et en prose, et on l'a toujours aimé.

VOLTAIRE

158

Travaillons sans raisonner, dit Martin, c'est le seul moyen de rendre la vie supportable.

VOLTAIRE

159

Si les imbéciles veulent encore du gland, laisse-les en manger ; mais trouve bon qu'on leur présente du pain.

VOLTAIRE

160

Le progrès n'est que l'accomplissement des utopies.

Oscar WILDE

161

Comme je ne suis pas payé en fonction de ce que je fais, je fais en fonction de ce que je suis payé.

Georges WOLINSKI

L'idée que l'humanité a atteint son but ultime lorsque chacun exerce une profession et en maîtrise le
jargon est absurde.

Théodore ZELDIN

LES AUTEURS CITÉS

A

ALAIN (Émile-Auguste CHARTIER, dit)
1868-1951 – Français. Philosophe.

Alphonse ALLAIS
1854-1905 – Français. Écrivain.

ALLEN (Allen Stewart KONISBERG, dit WOODY)
Américain. Acteur et réalisateur de cinéma contemporain.

Guillaume APOLLINAIRE (Wilhelm Apollinaris de Krostrowitzky, dit)
1880-1918 – Français. Écrivain.

Louis ARAGON
1897-1982 – Français. Écrivain.

Hannah ARENDT
1906-1975 – Américaine d'origine allemande. Philosophe.

ARISTOTE (Aristolélès, dit le Stagire)
– 348/ –322 – Grec. Philosophe.

Michel AUDIARD
Français. Humoriste contemporain.

B

Gaston BACHELARD
1844-1962 – Français. Philosophe.

Francis BACON
1561-1626 – Anglais. Écrivain, philosophe et homme d'État.

Honoré de BALZAC
1799-1850 – Français. Écrivain.

Alessandro BARICCO
Italien. Écrivain contemporain.

Raymond BARRE
Français. Économiste et homme politique contemporain.

Frédéric BASTIAT
1801-1850 – Français. Économiste.

Georges BATAILLE
1897-1962 – Français. Écrivain.

Charles BAUDELAIRE
1821-1867 – Français. Écrivain.

Pierre BEAUFRE
Français. Général contemporain, spécialiste de stratégie militaire.

Pierre Augustin CARON DE BEAUMARCHAIS
1732-1799 – Français. Écrivain et auteur dramatique.

Simone de BEAUVOIR
1908-1986 – Français. Écrivain.

Henry BECQUE
1837-1899 – Français. Auteur dramatique.

Saul BELLOW
1915 – Américain. Écrivain.

Émile BENVENISTE
1902-1976 – Français. Linguiste.

Henri BERGSON
1859-1941 – Français. Philosophe.

Georges BERNANOS
1888-1948 – Français. Écrivain.

Claude BERNARD
1813-1878 – Français. Physiologiste.

BHAGAY AD-GITA (*le chant du seigneur*)
– 1000 environ – Poème philosophique sanskrit inclut dans le poème épique Mahabharata.

La Bible

BISMARCK (Otto-Edouard-Léopold BISMARCK-SCHÖHANSEN)
1815-1898 – Allemand. Homme d'État.

Louis Blanc
1811-1882 – Français. Historien et homme politique.

Francis Blanche
1919-1974 – Français. Humoriste.

Louis-Auguste Blanqui
1805-1881 – Français. Théoricien socialiste et révolutionnaire.

Marc Bloch
1886-1944 – Français. Historien.

Maurice Blondel
1861-1949 – Français. Philosophe.

Nicolas Boileau (dit Boileau-Despréaux)
1636-1711 – Français. Écrivain.

Bouddha (l'« Éveillé » en sanskrit)
– 536/ –480 – né au Népal. Philosophe pragmatique,
fondateur du bouddhisme.

Pierre Bourdieu
1930-2001 – Français. Sociologue.

Gérard Bourgoin
Français. Homme d'affaires contemporain.

Luc Boyer
Essayiste contemporain.

Constantin Brancusi
1876-1957 – Roumain. Sculpteur.

Georges Braque
1882-1963 – Français. Peintre et graveur.

Robert Brasillach
1909-1945 – Français. Écrivain.

Fernand Braudel
1902-1985 – Français. Historien.

Comte de Buffon (Georges-Louis Leclerc)
1707-1788 – Français. Naturaliste et écrivain.

Louis CALAFERTE
1928-1994 – Français d'origine italienne. Écrivain.

Albert CAMUS
1913-1960 – Français. Écrivain.

Lewis CARROLL (pseudonyme de Charles Lutwidge Dodgson)
1832-1898 – Anglais. Écrivain.

Louis-Ferdinand CÉLINE (Louis-Ferdinand DESTOU-CHES dit)
1894-1961 – Français. Écrivain.

Nicolas de CHAMFORT (Sébastien Roch NICOLAS, dit)
1741-1794 – Français. Moraliste.

René CHAR
1907-1988 – Français. Poète.

Jacques CHARDONNE (Jacques BOUTELLEAU, dit)
1884-1968 – Français. Écrivain.

François René, vicomte de CHATEAUBRIAND
1768-1848 – Français. Écrivain.

Michel CHEVALIER
1806-1879 – Français. Économiste.

Sir Winston-Leonard-Spencer CHURCHILL
1874-1695 – Britannique. Homme politique.

CICÉRON (Marcus Tullius CICERO)
– 106/– 43. Homme politique et orateur. Latin.

Paul CLAUDEL
1868-1955 – Français. Poète et dramaturge.

Karl von CLAUSEWITZ
1780-1831 – Prussien. Général et théoricien militaire.

Georges CLEMENCEAU
1841-1929 – Français. Homme politique.

Jean COCTEAU
1889-1963 – Français. Écrivain.

Jean-Baptiste COLBERT
1619-1683 – Français. Homme d'État.

COLUCHE (Michel COLUCCI, dit)
1944-1986 – Français. Artiste de variété et acteur.

Auguste COMTE
1789-1857 – Français. Philosophe.

Marie-Jean-Antoine Caritat, marquis de CONDORCET
1743-1794 – Français. Philosophe.

CONFUCIUS (K'UNG TZU OU K'UNG FUTZU)
– 555/– 479 – Chinois. Philosophe.

Benjamin CONSTANT (Benjamin CONSTANT DE REBEQUE, dit)
1767-1830 – Français. Homme politique et écrivain.

Pierre de COUBERTIN
1863-1937 – Fondateur des Jeux Olympiques modernes.

Émile COUÉ
1857-1926 – Français. Pharmacien et psychothérapeute.

Antoine-Augustin COURNOT
1801-1877 – Français. Économiste et philosophe.

D

Pierre DAC
1893-1975 – Français. Humoriste.

Charles DARWIN
1809-1882 – Anglais. Naturaliste.

Eugène DELACROIX
1798-1863 – Français. Peintre.

Raynald DENOUEIX
Entraîneur de football professionnel.

Jacques DES BARREAUX
1599-1673 – Français. Poète.

René DESCARTES
1596-1650 – Français. Philosophe et savant.

Pierre DESPROGES
1939-1988 – Français. Humoriste.

Philippe DESTOUCHES
1680-1754 – Français. Dramaturge.

Auguste DETŒUF
1883-1947 – Français. Industriel.

John DEWEY
1859-1952 – Américain. Philosophe.

Charles DICKENS
1812-1870 – Britannique. Écrivain.

Denis DIDEROT
1713-1784 – Français. Écrivain et philosophe.

Peter F. DRUCKER
Américain. Expert en management contemporain.

Alexandre DUMAS (dit DUMAS fils)
1824-1895 – Français. Écrivain et dramaturge.

E

Umberto ECCO
Italien. Écrivain et sémiologue contemporain.

Albert EINSTEIN
1879-1955 – Allemand naturalisé Suisse puis Américain. Physicien.

Paul ELUARD (Eugène GRINDEL, dit)
1895-1952 – Français. Poète.

Ralph-Waldo EMERSON
1803-1882 – Américain. Poète et philosophe.

F

Henri FAYOL
1841-1925 – Français. Ingénieur.

François de SALIGNAC DE LA MOTHE FENELON
1651-1715 – Français. Évêque et écrivain.

Gustave FLAUBERT
1821-1880 – Français. Écrivain.

Ferdinand FOCH
1851-1929 – Maréchal de France.

Bernard LE BOVIER DE FONTENELLE
1657-1757 – Français. Philosophe et poète.

Henry FORD
1863-1947 – Américain. Industriel.

Jay FORRESTER
Professeur de dynamique industrielle au Massachussets Institute of Technology.

Michel FOUCAULT
1926-1984 – Français. Philosophe.

Charles FOURIER
1772-1837 – Français. Théoricien socialiste.

Anatole FRANCE (Anatole François THIBAULT, dit)
1844-1924 – Français. Écrivain.

Benjamin FRANKLIN
1706-1790 – Américain. Homme politique.

FRÉDÉRIC II LE GRAND
1712-1786 – Roi de Prusse.

Sigmund FREUD
1856-1939 – Autrichien. Neurologue et psychiatre.

Milton FRIEDMAN
1912 – Américain. Économiste contemporain.

Max FRISCH
1911 – Écrivain suisse d'expression allemande.

G

John Kenneth GALBRAITH
1908 – Américain contemporain. Économiste.

GALILÉE (Galiléo Galilei)
1564-1642 – Italien. Physicien et astronome.

Mohandas Karamchand GANDHI
1869-1948 – Indien. Philosophe et homme politique.

Pierre GASCAR
1916-1997 – Français. Écrivain contemporain.

Charles-André-Joseph-Marie de GAULLE
1890-1970 – Français. Homme d'État et général
français.

André GIDE
1869-1951 – Français. Écrivain.

Jean GIONO
1895-1970 – Français. Écrivain.

Joseph-Wolfgang von GOETHE
1749-1832 – Allemand. Écrivain.

Baltazar GRACIAN Y MORALES
1601-1658 – Espagnol. Moraliste et essayiste.

Eugène GUILIEVIC
1907-1997 – Français. Poète.

GUILLAUME D'ORANGE-NASSAU (dit le Taciturne)
1559-1567 – Stathouder de Hollande.

H

Charles HANDY
1932 – Irlandais. Manager.

Friedrich HAYEK
Britannique d'origine autrichienne. Économiste.

Georg Wilhelm Friedrich HEGEL
1770-1831 – Allemand. Philosophe.

Michel HENRY
1922 – Français. Philosophe contemporain.

HÉRACLITE D'ÉPHÈSE
environ – 576/ – 480 – Grec. Philosophe.

Marie-Jean HERAULT DE SECHELLES
1759-1794 – Français. Magistrat et homme politique.

Robert HERRICK
1591-1674 – Anglais. Poète.

Edouard HERRIOT
1872-1957 – Français. Écrivain et homme politique.

HÉSIODE
Env. VIIIe-VIIe – Grec. Poète.

Thomas HOBBES
1588-1679 – Anglais. Philosophe.

Paul Henri de HOLBACH
1723-1789 – Allemand. Philosophe.

Friedrich HÖLDERLIN
1770-1843 – Allemand. Poète.

Victor HUGO
1802-1885 – Français. Écrivain.

David HUME
1711-1776 – Britannique. Philosophe et historien.

Edmond HUSSERL
1859-1938 – Allemand. Philosophe.

J

Edmond JABES
1912-1991 – Français d'origine égyptienne. Poète.

Vladimir JANKÉLÉVITCH
1903-1985 – Français. Philosophe.

Jean JAURÈS
1859-1914 – Français. Homme politique et philosophe.

Saint JEAN-DE-LA-CROIX
1542-1591 – Espagnol. Religieux.

Thomas JEFFERSON
1743-1826 – Américain. Homme d'État.

Joseph JOUBERT
1754-1824 – Français. Moraliste.

Bertrand de JOUVENEL
Français. Essayiste contemporain.

JUVÉNAL (Decimus-Junius JUVENALIS)
v.60-v.130. Poète. Latin.

K

Emmanuel KANT
1724-1804 – Allemand. Philosophe.

Alphonse KARR
1808-1890 – Français. Journaliste et écrivain.

John-Fitzgerald KENNEDY
1917-1963 – Américain. Homme d'État.

Alexandre KOYRE
1902-1964 – Français. Philosophe.

L

Jean de LA BRUYÈRE
1645-1696 – Français. Moraliste.

Jacque LACAN
1901-1981 – Français. Psychiatre et psychanaliste.

Pierre CHODERLOS DE LACLOS
1741-1803 – Français. Officier et écrivain.

Henri LACORDAIRE
1802-1861 – Français. Religieux.

Jean de LA FONTAINE
1621-1695 – Français. Poète.

LAMPEDUSA (GUISEPPE TOMASI, dit)
1896-1957 – Italien. Romancier.

François, duc de LA ROCHEFOUCAULD
1613-1680 – Français. Écrivain moraliste.

LAO TZU (Lao Zi, Lao Tseu)
– 570/– 490 – Chinois. Philosophe.

Gottfried-Wilhelm LEIBNIZ
1646-1716 – Allemand. Philosophe et savant.

LÉNINE (Vladimir-Ilitch OULIANOV dit)
1870-1924 – Russe. Homme politique et théoricien révolutionnaire.

Léonard DE VINCI
1452-1519 – Italien. Peintre, architecte et ingénieur.

James Joseph LING
1922 – Américain. Industiel.

LOUIS XI
1423-1483 – Français. Roi.

LOUIS XIV
1638-1715 – Français. Roi.

Saint-LUC
Apôtre et évangéliste.

M

Nicolas MACHIAVEL
1469-1527 – Homme d'état et historien florentin.

Comte Joseph de MAISTRE
1753-1821 – Français. Homme politique, écrivain et philosophe.

André MALRAUX
1901-1976. Français. Écrivain et philosophe.

MAO TSE-TUNG (Maö-tung, Mao Ze-dong)
1893-1976. Chinois. Homme d'État.

Roger MARTIN DU GARD
1881-1958. Français. Écrivain.

Karl MARX
1818-1883. Philosophe, économiste et homme politique.

André MAUROIS
1885-1967. Français. Romancier et essayiste

Charles MAURRAS
1868-1952. Français. Écrivain et homme politique.

Elton MAVO
1880-1949. Australien. Sociologue américain.

Henri MENDRAS
Français. Géographe contemporain.

Louis-Sébastien MERCIER
1740-1814 – Français. Écrivain.

Antoine GOMBAUD, chevalier de MÉRÉ
1607-1684 – Français. Écrivain et moraliste.

Maurice MERLEAU-PONTY
1908-1961. Français. Philosophe.

John Stuart MILL
1806-1873 – Anglais. Économiste.

Comte de MIRABEAU (Henri Gabriel RIQUETI dit)
1749-1791. Français. Orateur et homme politique.

Jean MISTLER
1897-1988. Français. Écrivain et homme politique.

MOLIERE (Jean-Baptiste POQUELIN dit)
1622-1673. Français. Fondateur de la Comédie Française, auteur dramatique, acteur, directeur de groupe.

Jacques MONOD
1910-1976. Prix Nobel de médecine en 1963.
Essayiste.

Michel EYQUEM DE MONTAIGNE
1533-1592 – Français. Écrivain.

Comte de MONTALEMBERT (Charles FORBES)
1810-1870 – Français. Publiciste et homme politique.

Charles de SECONDAT MONTESQUIEU
1689-1755 – Français. Philosophe.

MONTGOMERY (Bernard Law, premier vicomte MONT-
GOMERY OF ALAMEIN)
1887-1976 – Britannique. Maréchal.

Edgar MORIN
1921 – Français. Philosophe.

Alfred de MUSSET
1810-1857 – Français. Écrivain.

N

Bernard NADOULEK
1950 – Français. Musicien professionnel.

NAPOLÉON 1er
1769-1821 – Empereur des Français.

NARADA
Sage des temps mystiques de l'Inde, auquel la tradi-
tion attribue un grand nombre d'ouvrages religieux
et techniques.

Friedrich NIETZCHE
1844-1900 – Allemand. Philosophe.

Paul NIZAN
1905-1940 – Français. Philosophe et romancier.

P

Marcel PAGNOL
1895-1974 – Français. Écrivain et auteur.

Blaise PASCAL
1623-1662 – Français. Savant et écrivain.

Louis PASTEUR
1822-1895 – Français. Biologiste.

Octavio PAZ
1914-1998 – Mexicain. Écrivain d'expression française.

Casimir PERIER
1777-1832 – Français. Homme politique.

François PERROUX
1903-1987 – Français. Économiste.

Pablo PICASSO (Pablo RUIZ Y PICASSO dit)
1881-1973 – Espagnol. Peintre, sculpteur.

PINDARE (Pindaros en grec)
– 518/– 438 – Grec. Poète lyrique.

Luigi PIRANDELLO
1867-1936 – Italien. Écrivain.

PLATON
– 428/– 328 – Grec. Philosophe.

Edgar Allan POE
1809-1849 – Américain. Écrivain.

Henri POINCARÉ
1854-1912 – Français. Mathématicien.

POLYBE (Polubios en grec)
– 202/– 120 – Grec. Historien.

Philippe PONS
Journaliste au journal « Le Monde ».

Karl Raimund POPPER
1902-1994 – Britannique d'origine autrichienne. Philosophe.

Jacques PRÉVERT
1900-1977 – Français. Poète.

Ilya PRIGOGINE
1917. Prix Nobel de Chimie en 1977, essayiste.

Pierre Joseph PROUDHON
1809-1865 – Français. Socialiste et écrivain.

Marcel PROUST
1871-1922 – Français. Écrivain.

PYTHAGORE
Environ VIe siècle – Grec. Philosophe et mathématicien.

Q

Raymond QUENEAU
1903-1976 – Français. Écrivain.

François QUESNAY
1694-1774 – Français. Médecin et économiste physio-
crate.

R

Jean RACINE
1639-1699 – Français. Poète dramatique.

Roland RECHT
Historien d'art, professeur au collège de France.

Mathurin RÉGNIER
1573-1613 – Français. Poète.

Ernest RENAN
1823-1892 – Français. Écrivain.

Paul de GONDI, cardinal de RETZ
1613-1679 – Français. Homme politique et écrivain.

Jean-François REVEL
Français. Philosophe et essayiste contemporain.

Pierre REVERDY
1889-1960 – Français. Poète.

Paul RICŒUR
1913 – Français. Philosophe.

Arthur RIMBAUD
1854-1891 – Français. Poète.

Maximilien de ROBESPIERRE
1758-1794 – Français. Homme politique.

John Davison ROCKEFELLER
1839-1937 – Américain. Industriel.

Erwin ROMMEL
1891-1944 – Allemand. Maréchal.

Jean ROSTAND
1894-1977 – Français. Biologiste et écrivain.

Jean-Jacques ROUSSEAU
1712-1778 – Français. Écrivain et philosophe.

John RUSKIN
1819-1900 – Britannique. Écrivain.

S

Aurélius Augustinus SAINT-AUGUSTIN
354-430 – Citoyen Romain. Évêque d'Hippone.

Antoine de SAINT-EXUPÉRY
1900-1944 – Français. Aviateur et écrivain.

Louis Antoine SAINT-JUST
1767-1794 – Français. Homme politique.

SAINT-PAUL
5/15 – 64 – Apôtre.

Armand SALACROU
1899-1989 – Français. Auteur dramatique.

Jean-Paul SARTRE
1905-1980 – Français. Écrivain et philosophe.

Alfred SAUVY
1898-1990 – Français. Démographe.

Jean-Baptiste SAY
1767-1832 – Français. Économiste.

Joseph-Alois SCHUMPETER
1883-1950 – Autrichien. Économiste.

Lucius Annacus Seneca SÉNÈQUE
– 4/– 65 – Romain. Homme politique, écrivain et philosophe.
William SHAKESPEARE
1564-1616 – Anglais. Poète dramatique.
George Bernard SHAW
1856-1950 – Irlandais. Écrivain et dramaturge.
André SIEGFRIED
1875-1959 – Français contemporain. Essayiste.
Adam SMITH
1723-1790 – Britannique. Économiste.
Oswald SPENGLER
1880-1936 – Allemand. Philosophe et historien.
Baruch SPINOZA
1632-1677 – Hollandais. Philosophe.
STALINE (Joseph VISSARJONOVITCH DJOUGACHVIJI dit)
1879-1953 – Soviétique. Homme politique.
STENDHAL (Henri BEYLE, dit)
1783-1842 – Français. Écrivain.
SUN-TZU (ou SUN-TXI)
– 375/– 230 – Chinois. Militaire et écrivain.

T

TACITE (Publius Cornelius TACITUS)
v. 55-v.120. Historien. Latin.
Anion Pavlovitch TCHEKHOV
1860-1904 – Russe. Écrivain et auteur dramatique.
Adolphe THIERS
1797-1877 – Français. Homme politique, journaliste
et historien.
Saint-THOMAS D'AQUIN
1228-1274 – Italien. Théologien et philosophe.

Charles-Alexis CLÉRÉL de TOCQUEVILLE
1805-1859 – Français. Historien et homme politique.

Léon, comte TOLSTOÏ
1828-1910 – Russe. Écrivain.

Arnold TOYNBEE
1889-1975 – Britannique. Historien.

Paul VALÉRY
1871-1945 – Français. Écrivain.

Nicolas VAUQUELIN
1567-1649 – Français. Poète.

Paul VERLAINE
1844-1896 – Français. Poète.

Boris VIAN
1920-1959 – Français. Écrivain.

Publius Virgilius Maro VIRGILE
–70/–19. Poète. Latin.

VOLTAIRE (François-Marie AROUET, dit)
1694-1778 – Français. Ecrivain.

Oscar WILDE
1854-1900 – Anglais. Écrivain et auteur dramatique.

Oliver WILLIAMSON
Américain contemporain. Économiste.

Georges WOLINSKI
Français. Dessinateur humoristique contemporain.

J. WOODWARD
1916-1971 – Anglais. Sociologue

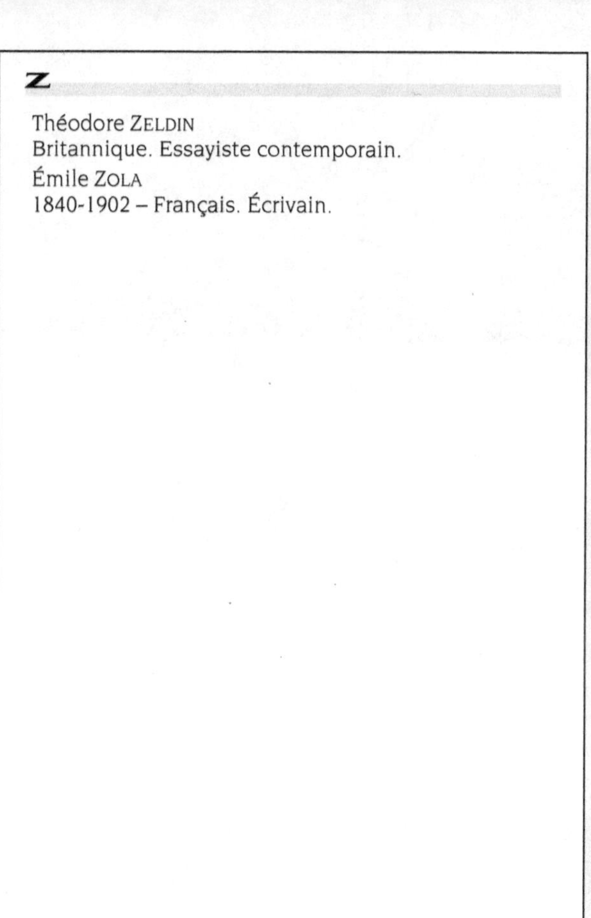

Z

Théodore ZELDIN
Britannique. Essayiste contemporain.

Émile ZOLA
1840-1902 – Français. Écrivain.